La vie c'est la vie

Amin Sheikh

La vie c'est la vie

MARABOUT

Traduit de l'anglais (Inde)
par Pascale Haas

Titre original :

BOMBAY MUMBAI.

Life is Life. I am because of you

Contact :
iambecauseofyou.com

Je dédie ce livre à l'AFEA-Snehasadan
et à tous les enfants des rues à travers le monde.

Avant-propos

Je m'appelle Amin. J'ai grandi dans la rue, à Bombay, et aujourd'hui je voudrais écrire ma vie. Par où commencer ? Comment mettre tout ça en mots ? Je ne sais pas trop. Mais il faut que je le fasse parce que c'est un de mes rêves – et des rêves, j'en ai beaucoup !

Mon premier rêve, c'est d'ouvrir un café-bibliothèque. Il s'appellera Bombay to Barcelona, *vous verrez pourquoi. Les employés, filles ou garçons, viendront tous de Snehasadan, l'ONG qui m'a sauvé. Depuis cinquante ans, cet orphelinat offre un foyer et une formation professionnelle aux enfants des rues, qu'ils soient de Bombay ou d'ailleurs en Inde. Plus de 40 000 enfants y sont déjà passés.*

Dans mon café, les employés ne seront pas de simples employés. On y prendra soin d'eux. Beaucoup d'enfants se battent pour survivre. Grâce à Snehasadan, certains sont devenus menuisier, soudeur, chauffeur ou électricien. Quand quelqu'un cherchera un menuisier, un électricien ou qui que ce soit d'autre, il trouvera sur un grand tableau leurs coordonnées. Je travaillerai également avec des artistes et des designers issus de Snehasadan. J'en ai déjà parlé à ceux que je connais. Ils auront la possibilité d'exposer leur production dans mon café : tee-shirts, sacs, robes, peintures, etc. –, pour qu'ils soient leurs propres patrons, qu'ils profitent de leur travail sans avoir affaire à un intermédiaire. Snehasadan aide les enfants à sortir des rues. Je veux les aider ensuite à réussir leur vie d'adulte.

Dans mon café, on offrira aux clients ce qui existe de mieux, mais on transmettra surtout un message qui me tient à cœur. Un message clair et net de refus des inégalités. Chacun y sera accueilli avec respect et chaleur, sans discrimination. Un message qui prendra au sérieux les problèmes liés à l'environnement. Mes clients pourront boire, manger et lire au milieu des fleurs et des plantes. Un message de solidarité. Il y aura une boîte pour faire des dons à Snehasadan. Lorsque les enfants quittent l'orphelinat, je ne veux pas qu'ils retournent dans la rue. Ils ont besoin d'une aide et d'un soutien pour démarrer une nouvelle vie et acheter une maison.

Si mon café a du succès, si je parviens à aider les enfants, peut-être parviendrais-je à réaliser mon second plus grand rêve : créer une flotte d'ambulances pour les habitants des campagnes, partout en Inde. J'ai parfois le sentiment que, dans ce pays, les êtres humains n'ont aucune valeur. Dans les petits villages, on meurt de maladies sans gravité parce qu'il n'y a pas d'hôpital. Ce projet, je voudrais l'appeler Sneha Travels, parce que sneha *signifie amour.*

Ce sont quelques-uns de mes rêves. Ce livre représente une première étape, une bougie. Le soutien que je reçois, je ne le demande que pour le redonner à d'autres, qui ont vécu ce que j'ai vécu.

Chez Oprah Winfrey, à la télévision, j'ai vu des quantités de personnes avec plein de parcours différents qu'elle a réellement aidées. Alors je lui ai écrit : je lui parlais un peu de ma vie, de mon projet et de mes rêves. Une simple lettre. Je ne sais pas si elle l'a reçue. En tout cas je n'ai pas eu de réponse. Et puis un jour, j'ai discuté avec mon amie Marta Miquel, qui est médecin. Elle a travaillé pendant trois ans dans l'hôpital d'un village de l'Odisha, un État du Nord-Est de l'Inde, et elle a ensuite écrit un livre pour raconter son expérience. Elle en a vendu 500 et a reversé la totalité de ses gains à l'hôpital. Ils ont pu acheter un générateur qui leur permet de continuer à fonctionner pendant les coupures de courant, qui sont fréquentes. Je suis très fier de Marta. Ça m'a donné à réfléchir : pourquoi pas moi ? Pourquoi mes rêves ne pourraient-ils pas devenir réalité ? J'ai passé toute la nuit à y penser. Au départ, je me suis dit qu'il fallait d'abord que je réalise mes rêves, que je devienne quelqu'un dans ce monde. Mais pour que mon café voie le jour, c'est maintenant qu'il faut que j'agisse…

Je connais un garçon dont le nom est Sahir D'Souza. Un bon élève à l'école, pas comme moi. Lorsque j'ai commencé ce livre, il avait dix ans. Il lit des tonnes de livres. Il raconte d'innombrables histoires. Il m'a conseillé de multiples fois d'écrire mon « autobiographie ». C'est d'ailleurs lui qui m'a expliqué ce que ce mot voulait dire ! Il m'a proposé de m'aider. De mettre de l'ordre dans mes mots, pour que mon livre soit lisible, pour que vous compreniez ce qu'est la vie d'un enfant dans la rue.

La famille de Sahir est ma famille. Ils sont une partie de ma vie. Et ma vie, la voici.

Le jour où j'ai commencé ce livre

01.12.2010 Bon, je suis là. Je voudrais vous parler de ma vie. De ce que j'ai fait, au cours de mon existence. Et de mes rêves.

Rêver, c'est gratuit : nous pouvons tous avoir des rêves. Nous devrions tous essayer de les réaliser.

Mes rêves à moi, c'est des rêves pour les autres. Je ne sais pas pourquoi, c'est quelque chose de magique. Je pense aux autres à chaque instant : tiens, là, comment faire quelque chose qui améliorerait leur vie ? Et là ? Et pour celui-ci ?

Il y a quelqu'un en moi, à chaque fois, qui se met à ressentir la douleur des autres, et qui veut la faire cesser. C'est le petit Amin, qui vivait dans la rue. Il ne me quitte pas d'une semelle. Il me force à penser même aux gens qui m'ont fait du mal par le passé.

Avec tout ce que j'ai vécu, je ne suis pas naïf. Je crois qu'il existe davantage de mauvaises personnes que de bonnes. Mais les rares personnes qui sont bonnes font toute la différence en rendant ce monde meilleur.

En réalité, je préférerais oublier ceux qui m'ont fait du mal, ceux qui m'ont fait subir tant de choses horribles. Je veux me souvenir de ceux qui ont été bons avec moi, qui m'ont tendu la main pour m'aider à devenir ce que je suis aujourd'hui.

Toutefois, plus encore que les gens, il y a Bombay[1] : sans Bombay, je ne serais pas là.

Bombay, c'est mon cœur, et je voudrais écrire ce livre avec mon cœur.

Bombay, c'est la magie des rêves, de la passion inconditionnelle de servir les autres, qu'ils soient grands ou petits.

Bombay, c'est pour tout le monde.

Il y a une grande roue de fête foraine. J'y vais avec ma nièce. Cette roue, c'est comme ça que je vois Bombay : une pluie d'étoiles. Bombay réalise des milliers de rêves. Bombay transforme les hommes en étoiles. Des inconnus qui ne sont rien, qui deviennent célèbres : vedettes, chanteurs, danseurs ou… ce qu'ils veulent. Je me vois comme une de ces étoiles, une petite étoile. Être une petite étoile qui brille est parfois difficile avec toute cette pollution dans le ciel et sur la terre, et une population aussi gigantesque ! On ne distingue pas toujours bien les petites étoiles, même si elles travaillent très dur pour que leur lumière scintille.

---

1. Voir la carte en fin d'ouvrage.

La ville se divise en quatre parties : le nord, le sud, l'est et l'ouest. Le meilleur moyen de se déplacer est de prendre les trains locaux. La gare, c'est un peu mon chez-moi, comme pour tous les enfants des rues. À Bombay, d'innombrables autres Amin vivent de cette manière.

C'est la seule ville en Inde où on parle toutes les langues, la seule où on trouve tous les festivals, toutes sortes de façons de manger et de s'habiller, et toutes sortes de gens. Indiens ou étrangers. L'énergie de l'Inde et la liberté de la vie, c'est ça que j'appelle Bombay. C'est magique. C'est l'arc-en-ciel où l'on voit toutes les couleurs. À chaque minute, il y a une histoire à connaître, et à partager.

Je ne sais pas trop comment expliquer ce que je ressens au fond de moi. Et même si j'arrivais à tout écrire ou à en faire un film, ce ne serait jamais fini !

Maintenant, je vais vous faire partager l'histoire de ma vie. Parce que, si j'existe, c'est grâce à vous.

D'où je viens

J'ai trente ans. Je voudrais parler de cet Amin que je suis, mais aussi de tous les Amin qui vivent là, dehors, et n'ont pas eu la même chance.

Amin est un garçon comme tous les enfants des rues. Je ne peux pas faire la différence entre moi et les autres Amin ; ou plutôt, je ne peux pas les oublier – et ils sont nombreux à travers le monde. Certes, je ne connais pas le monde entier. Mon monde à moi, c'est Bombay et l'Inde, et je peux vous dire qu'ils y sont innombrables.

Ma grande chance, c'est d'avoir rencontré plein de bonnes personnes au cours de ma vie. Aujourd'hui, je suis devenu quelque chose dans ce monde. Ma vie a changé. Mais mon cœur me dit : « Amin, n'oublie pas les mauvaises personnes, mais souviens-toi que tu en as rencontré qui ont été bonnes avec toi. » Si je suis là où je suis, c'est grâce à ces personnes bienveillantes.

Ma mère et mon père

Mes premiers souvenirs remontent à mes cinq ans. Avant, je ne me souviens de pas grand chose, et ce n'est pas très précis. Sur mon père, *Abba*[1], je ne sais pas grand-chose ; mais ma mère m'a raconté pas mal de choses. Elle a quarante-huit ans, et elle a eu six frères et six sœurs. Une grande famille peut être soit un vrai problème soit une vraie bénédiction – tout dépend de la famille. Mon grand-père et ma grand-mère avaient un nouvel enfant chaque année, et la famille s'agrandissait sans arrêt. Deuxième enfant, ma mère n'a jamais été à l'école. Elle a dû s'occuper de ses frères et sœurs comme une mère, en plus de la cuisine et du ménage. Sa mère avait eu une vie dure, la sienne a été pareille. Et elle n'a pas imaginé que celle de ses enfants puisse être différente.

Elle m'a raconté qu'elle s'était mariée à dix-huit ans avec un homme qu'elle ne connaissait pas. Ce sont mes grands-parents qui lui ont choisi un mari. Elle n'avait jamais vu son visage, ni même sa photo, avant le jour des noces. J'en sais très peu sur cette période vu que je n'étais pas encore né ! Mais je l'imagine : elle ne savait pas où elle allait habiter, car mon père n'avait pas de foyer. Il travaillait

1. Les noms et les mots en italique sont expliqués en fin d'ouvrage.

dans une fabrique de bracelets en verre et en plastique. Ma mère a passé sa première nuit avec lui dans son usine. J'ai toujours trouvé ça affreusement triste. C'est quoi, ce genre de mariage ? On vous donne à quelqu'un comme un objet dont on ne veut plus. On se débarrasse juste d'une bouche à nourrir. Ça devrait être interdit… Et dire que maintenant elle ne comprend pas que je ne veux pas de ce genre de mariage-là !

Bon, le moment est arrivé pour moi. Je ne pouvais pas rester éternellement dans le ventre de ma mère, je devais venir au monde. Ce monde où on est censé recevoir de l'amour et de l'attention. Je crois que j'étais impatient de naître, de découvrir le monde, d'y trouver ma place, mais comment ce petit Amin aurait-il pu savoir ce qui l'attendait ?

Bienvenue ! Je suis né le 24 juin 1980. Mes parents m'ont prénommé Amin, qui signifie en hindi « le commencement et la fin ».

Mes parents habitaient alors une petite maison dans Aarey Milk Colony, à Goregaon… C'est une banlieue de Bombay, où il y a beaucoup d'élevage et de la forêt. Deux ans plus tard, le 12 juin 1982, ma sœur Sabira est née. *Sabira* veut dire le matin. C'est un beau nom. Quelques jours après sa naissance, la pauvre Sabira a été prise d'une fièvre. C'était la polio. Sa jambe en est restée toute déformée.

Le 17 mai de l'année suivante est née ma plus jeune sœur, Sabiya. *Sabiya* veut dire le soir. J'avais à ce moment-là trois ans, et c'était comme un petit ange !

J'ai commencé à aider ma mère à s'occuper de mes deux sœurs. Un jour, Sabira et moi jouions dehors devant la maison. Ma mère m'a dit : « Amin, je vais au marché. Surveille ta petite sœur. Je reviens vite. » Je n'avais pas cinq ans. Je ne sais plus précisément à quoi on jouait, mais je me rappelle qu'on regardait passer les voitures et qu'on observait le ciel. J'étais captivé par le spectacle. Sabira a dû avoir faim à un moment et est allée chercher du lait. Il était près du poêle, sur lequel ma mère avait laissé quelque chose à cuire avant de partir. Brusquement, des cris ! Sabira, les vêtements en feu, est sortie en courant. Je suis resté là, impuissant, à la regarder.

Un voisin est accouru et l'a étendue par terre. Le pauvre homme a réussi à éteindre les flammes, mais il a gardé des brûlures aux mains. Il lui a sauvé la vie. Sans lui, mes matins auraient disparu en même temps que Sabira, mon étoile du matin ! Elle a eu de la chance de s'en sortir, mais sa jambe, celle déjà touchée par la polio, a été brûlée. C'était si triste. Mais que pouvait-on y faire ? Les choses arrivent lorsqu'elles doivent arriver.

À son retour, ma mère m'a battu : j'avais mal surveillé ma sœur ! Puis mon père est rentré à la maison. Lui ne m'a ni battu ni grondé. Il a fait des reproches à ma mère, et il m'a serré dans ses bras. Il était inquiet pour nous. Mais il était aussi saoul. Comme tous les soirs.

Le lendemain, nous sommes allés chez mes grands-parents. Au tour de mes parents de se faire gronder ! Le frère et la sœur de ma mère se sont joints au concert. Mes pauvres parents… Quand viennent les mauvais moments, ils arrivent de tous les côtés.

À l'époque, ma mère faisait le ménage dans plusieurs appartements d'un immeuble. J'allais souvent avec elle pour l'aider, mais parfois je préférais jouer, du coup elle me tapait ou me criait après. Elle était dure avec moi, mais elle menait une vie difficile : elle était mariée à un homme qui ne s'occupait ni d'elle ni de nous et qui passait son temps à s'enivrer. Cependant, si je suis là dans ce monde, c'est grâce à lui et à ma mère.

Jamais je n'oublierai mon père même si je ne me rappelle pas clairement son visage. Dans mon esprit, pas mal de choses sont floues, mais je me souviens des moments heureux, quand il m'emmenait à l'étable d'Aarey Milk Colony en me portant sur ses épaules.

Première séparation

Ma mère a quitté mon père. Elle nous a emmenés vivre ailleurs, avec un autre homme ; dans une maison qu'on louait. Et à partir de là, on a déménagé d'un endroit à un autre tout le temps. Nous n'étions jamais vraiment chez nous. Pire, cet homme nous battait, moi et Sabira avec une ceinture ou un bâton, et, vu qu'il était costaud, les coups pleuvaient très fort et à toute vitesse, accompagnés de violentes gifles. Et ma mère ne s'interposait pas. Dans ces moments-là, Abba, mon père, me manquait, et je demandais à ma mère pourquoi on n'habitait plus avec lui. Elle me répondait que c'était un ivrogne et qu'il ne ramenait jamais un sou, et elle mettait fin à la conversation. J'avais cinq ans.

C'est à cette période que j'ai vraiment commencé à travailler. Ma mère m'avait inscrit à l'école, mais je n'y allais pas toujours car je ne pensais qu'à m'amuser ou à faire autre chose. Du coup, elle m'a mis au boulot. Je livrais des bouteilles de lait chez les particuliers. Parfois, ma mère m'envoyait aussi vendre des bricoles au bord de la route. Puis j'ai travaillé dans une petite usine. Mais là encore, je n'y allais pas très souvent. Je préférais jouer ou courir voir un film !

Un peu plus tard, alors qu'on vivait dans une banlieue de Bombay, Malad, j'ai travaillé dans une échoppe de thé. Je devais servir les clients et laver les verres. À la fin de la journée, le patron me donnait 2 roupies ! Ce qui représentait alors une belle somme, surtout pour ma mère et cet homme qui me servait de beau-père.

Première fuite

Si je ne nettoyais pas bien les tables, si un verre se cassait ou si je renversais du thé, le patron me tirait les oreilles, et pas au sens figuré… Les employés de l'entreprise d'à côté, la Marble Company, auxquels j'apportais tous les jours du thé, me tyrannisaient eux aussi. Ils baissaient mon pantalon quand je passais ou me flanquaient des claques en plein visage. Un jour les verres m'ont glissé des mains, du thé s'est répandu partout sur la chaussée au milieu des bris de verre. J'étais paniqué. « Je ne peux pas rentrer chez moi, je ne peux pas retourner à l'échoppe de thé, je ne peux plus aller à la Marble Company. » Qu'est-ce que je pouvais faire ? Où que j'aille, je serais battu. C'est là que l'idée m'est venue : « Va-t-en, Amin, va-t-en vite ! »

Et je suis parti en courant, sans regarder derrière moi. J'avais la trouille que quelqu'un me voie et me ramène à l'échoppe ou chez ma mère.

J'avais peur de tout le monde, je ne savais pas où aller. J'ai finalement atterri à la gare de Malad. J'étais affolé, inquiet – encore maintenant, j'ai du mal à expliquer ce que je ressentais –, mais je me souviens très précisément du moment où je suis entré dans la gare. Je me suis assis sur les marches d'une passerelle pour réfléchir. Une foule de gens allaient et venaient sur le quai. Ils mendiaient. Il y avait aussi des enfants qui quémandaient à manger ou quelques pièces. J'ai passé de longues heures à les observer. Certains leur donnaient de l'argent, d'autres se fâchaient et les insultaient ou les frappaient. Mais les enfants continuaient. Ils mendiaient, et mendier, ça ne s'arrête jamais.

Assis là sur les marches, j'ai aperçu, devant une échoppe, un bout de pomme de terre qui était tombé par terre. Je mourais de faim, et je lui ai soudain trouvé l'air appétissant. Je ne savais pas quoi faire ni où aller, j'avais trop peur pour bouger, mais j'étais tellement affamé que j'ai fini par m'approcher. J'ai fourré le bout de pomme de terre dans ma bouche et j'ai soudain fondu en larmes en repensant à ma mère. Pas aux moments où elle me disputait et me battait, mais à la fin de la journée, quand elle me câlinait, me nourrissait et me donnait un bain. Ne faisait-elle pas pour moi tout ce que fait une mère ?

La peur au ventre, je suis reparti vers la maison. En approchant de la maison, j'ai jeté un coup d'œil dans la ruelle pour voir si quelqu'un m'avait repéré ou me cherchait. Ma mère était à la maison, et j'ignorais si mon patron était venu la prévenir de ce qui s'était passé. Comment allait-elle me recevoir ? J'ai eu peur, et je suis resté toute la nuit dans cette ruelle, à quelques mètres de la maison. Je me suis endormi sur le sol, mais personne ne savait qui j'étais. À Bombay, voir un enfant dormir dans la rue est banal. Quand je me suis réveillé, j'ai aperçu ma sœur. Je pense que ma mère était partie à ma recherche. Ma pauvre mère, j'avais de la peine pour elle. Mais la vie à la maison était trop dure, et je suis retourné en courant à la gare.

La vie sur les rails

J'ai commencé à vivre sur les rails ; pendant un temps dans une gare, puis dans une autre. Je ne savais pas quoi faire ni où aller. Je passais d'un train à l'autre. La foule me faisait peur – partout il y avait du monde qui montait ou sautait des trains. Je cherchais un compartiment vide dans lequel il me serait facile de grimper. La plupart du temps, j'allais dans celui réservé aux femmes, souvent moins rempli.

Toute la journée, je marchais ici et là sans pouvoir m'arrêter. Cette première nuit, j'ai eu un mal fou à dormir. Mais c'est ainsi que j'ai vécu durant de longs jours. Et j'ai appris des tas de choses. J'ai découvert à quel point le monde était dur. Les autres garçons qui vivaient dans les gares étaient brutaux et dangereux. Un jour, un garçon plus grand que moi m'a attrapé et s'est mis à me frapper. Il m'a demandé d'où je venais – j'avais peur de lui dire la vérité, je ne savais pas ce qu'il me voulait.

Je n'avais jamais imaginé que le monde serait d'une telle dureté et d'une telle méchanceté.

La nuit, des grands garçons vont chercher les petits. Ils sont tous drogués. Comme j'avais peur du noir, je dormais sous une lumière. Mais j'étais si bien éclairé que n'importe qui pouvait me repérer, m'entraîner dans un endroit sombre et me faire ce qu'il voulait. Parfois, je me réveillais. D'autres fois, je ne savais même pas ce qui s'était passé. Je me rendais compte que mon pantalon était mouillé sans comprendre ce qu'ils m'avaient fait. Ils me demandaient de les toucher, ou de faire des choses que je ne peux pas décrire. En gros, ils me faisaient ce qu'ils voulaient, et partout. Chaque soir un grand garçon m'attrapait pour m'emmener dans un coin sombre, ou sous le pont, ou là où les trains stationnent la nuit. Et après, je m'endormais dans le train, dans un état second.

J'aurais bien voulu connaître des gros mots – les insulter m'aurait au moins fait du bien. Mais j'en étais incapable. À présent, si quelqu'un essayait de me faire ça ou s'en prenait à un enfant devant moi, je l'en empêcherais par tous les moyens.

Certains garçons abusaient de moi sexuellement, d'autres me battaient sans raison, d'autres encore m'obligeaient à fumer – si je ne fumais pas, ils me frappaient en pleine figure. Et si je hurlais, ils cognaient encore plus fort. Je ne le supportais pas. J'avais très peur d'être frappé, la douleur m'était insupportable. Ça peut sembler étrange, mais avoir mal quand je marchais ou allais aux toilettes, je supportais, sans doute parce que mon esprit rejettait totalement ce qui se passait la nuit ; mais me faire tabasser, ça non.

Quoi qu'il en soit, je crois que ces choses affreuses arrivent parce qu'elles devaient arriver. Heureusement, j'ai aussi rencontré des enfants des rues qui m'ont emmené dans plein d'endroits où on nous donnait à manger, de l'argent ou des vêtements. J'apprenais chaque jour davantage. Je commençais à me sentir bien de ne plus avoir à supporter les coups ou les réprimandes de ma mère et de mon beau-père.

J'étais tout seul et je pouvais faire ce qui me plaisait. Personne ne m'empêchait de m'amuser ou de dormir. Par moments, c'était difficile de trouver à se nourrir. Mais ce qui me plaisait, c'était la liberté : une liberté que je n'avais jamais connue chez moi. Je n'avais plus à subir cet homme qui me frappait tout le temps, ni le patron de l'échoppe de thé qui à la moindre occasion me tirait les oreilles, ni les employés de la Marble Company qui me brutalisaient. Bien entendu, en même temps que j'avais la liberté, je devais faire face à des moments très durs, mais la vie continuait. Ça a duré plus de six mois.

Retrouvé !

Ma mère a néanmoins fini par me récupérer à la gare de Goregaon. Elle est apparue tout a coup, et m'a empoigné en hurlant qu'elle m'avait cherché tous les jours. Elle était venue avec mon beau-père. Il a voyagé dans le compartiment des hommes quand on a pris le train pour rentrer. Dès que nous sommes descendus à la gare de Malad, il nous a rejoints et m'a sonné les cloches. Et une fois arrivés à la maison, il m'a frappé si fort et si longtemps que chaque centimètre de mon corps me faisait mal. J'avais beau pleurer en appelant ma mère au secours, elle n'a pas bougé. Elle ne lui a demandé d'arrêter qu'après un long moment.

Elle m'a alors pris dans ses bras et a posé sa main toute douce sur ma tête ; c'était si bon que ma douleur s'est un peu apaisée. Puis elle m'a fait prendre un bain chaud et m'a donné de nouveaux habits. Étant donné qu'il y avait cinq ou sept mois que je ne m'étais pas lavé, j'avais la peau abîmée et pleine de boutons. Elle a frotté chaque partie de mon corps et, comme j'avais des poux, elle m'a coupé les cheveux. Elle m'a préparé à manger. Puis elle m'a pris dans ses bras à nouveau et je l'ai serrée très fort. Pendant qu'elle me parlait – elle voulait savoir où j'étais parti, ce que j'avais fait – et que je lui racontais, je me suis d'un seul coup endormi. Un sommeil profond. Je n'avais plus peur que quelqu'un vienne m'attraper.

Je ne peux pas oublier ces moments, la main douce et le calin de ma mère. J'aurais voulu autant d'amour tous les jours…

Cependant, la vie restait la même. Le lendemain, elle m'a envoyé travailler dans une petite fabrique de broches pour gazinières. Mon boulot consistait simplement à mettre les broches dans une boîte, mais, au bout de quelques jours, j'ai réfléchi. Est-ce que je devais à nouveau m'enfuir ou non ? Et s'ils me rattrapaient ? Mon beau-père me frapperait. Mais il me battait de toute façon même quand je ne faisais rien de mal !

Apprendre à se protéger

Alors j'ai de nouveau fugué. En me disant qu'il fallait que j'aille cette fois en dehors de Bombay. Je suis monté dans des trains longue distance sans savoir où ils m'emmenaient. Je suis ainsi allé au sud et au nord de l'Inde, et dans des tas de régions. Je passais d'un train à l'autre. À bord, je mendiais, je nettoyais ; des gens me donnaient à manger, d'autres des pièces. Là encore, j'ai croisé des personnes mal intentionnées. Mais j'étais devenu plus malin. Mon instinct s'était développé, et j'étais toujours sur la désensive. À la seconde où je les voyais, je savais, je sentais que ce n'était pas des gens bien. Je me carapatais avant même qu'ils s'approchent.

Sauter d'un train à l'autre me plaisait. J'ai découvert comme ça des quantités d'endroits. Le plus désolant est que je n'ai retenu aucun nom. Et où que j'aille, je revenais toujours à Bombay. J'ai beau avoir vu des coins magnifiques, je n'ai jamais rien vu comme Bombay. Cette ville était pour moi magique.

J'y suis resté un temps, avec la hantise de voir ma mère et mon beau-père surgir derrière moi. J'avais alors six ou sept ans. J'avais compris pas mal de choses : quand on n'a pas trop de vêtements sur soi, on récolte plus d'argent ; quand des adultes vous frappent ou vous insultent, il faut pleurer le plus fort possible pour attirer l'attention et que quelqu'un se porte à votre secours. J'ai appris aussi à voler, à mentir et à me protéger des personnes malveillantes et des policiers.

Beaucoup de gens m'ont proposé de venir chez eux, mais ils ne me traitaient jamais comme un fils ou un enfant dont ils auraient voulu prendre soin. Ils me débitaient d'abord de grands discours sur l'amour et l'attention, mais quand ils m'emmenaient, c'était soit pour me faire faire le ménage, soit pour m'imposer des rapports sexuels. Il n'y avait personne qui m'aimait et prenait soin de moi. Je sais qu'il existe de nombreuses personnes bien. Seulement, à ce moment-là, je n'ai pas eu la chance de les rencontrer, et j'ai commencé à me méfier de tout le monde.

Un retour forcé

Il m'est arrivé bien des histoires, mais je vais vous raconter celle de cette femme, qui avait l'air gentille et sympathique. Elle m'a donné des bonbons, et je me suis dit que cette dame était plus gentille que ma mère ! Sauf que je me trompais. Elle a voulu savoir d'où je venais et où étaient mes parents. Je lui ai répondu que je n'avais personne. Elle m'a alors proposé de rester avec elle et m'a promis qu'elle s'occuperait de moi comme d'un fils. Puis elle m'a emmené dans une maison où elle travaillait comme employée, m'a remis un gros sac de riz et m'a dit : « Lave ce riz, fiston. Ensuite, nous irons chez moi. » Je me suis dit : « Bon, c'est juste un sac de riz. » Puis elle m'en a apporté un deuxième qu'elle m'a également demandé de laver. Et j'ai eu beau me dire « Amin, enfuis-toi ! », je suis parti le soir avec elle. Elle m'a donné à manger et m'a fait dormir dehors devant sa porte.

La nuit-même, je me suis enfui. Il n'y avait aucun train à la gare de Bhayender. Je me suis endormi sous une table, mais un peu avant 5 heures du matin un policier m'a réveillé, en me donnant des petits coups de matraque. Il m'a dit de me lever, m'a parlé doucement, et m'a posé toute une série de questions. J'ai répondu sans mentir. Il m'a donné à boire un peu de lait. J'étais si content que j'ai cru que cet homme était bon. Et puis il m'a dit : « OK, je vais te ramener chez toi. » Je l'ai supplié de n'en rien faire et je lui ai expliqué en pleurant que mes parents allaient me frapper. Il m'a répondu très gentiment de ne pas m'inquiéter, que si jamais ils me battaient, il les battrait à son tour. « Je suis policier, tu sais. » Ça m'a rassuré. Dès qu'il a eu terminé son service, au matin, je l'ai conduit à la maison de ma mère.

Et là, nouvelle déception. Il ne m'avait pas raccompagné parce qu'il se souciait de moi mais parce qu'il voulait de l'argent. Il a d'abord parlé à mon beau-père, ensuite à ma mère. Elle lui a fait du thé, après quoi il est sorti avec mon beau-père et lui a demandé un pot-de-vin. Il lui a déclaré qu'il aurait pu m'emmener à la prison pour les mineurs, mais qu'il voulait, par pure bonté, qu'ils récupèrent leur enfant. Puis il a exigé 500 roupies. Ça représentait une grosse somme : l'équivalent de ce que gagnait ma mère en deux ou trois mois. Mes parents n'avaient pas autant d'argent de côté : ma mère devait avoir 50 ou 100 roupies. Toujours est-il que le policier a eu son argent et s'est contenté de me conseiller, avant de s'en aller, de ne pas recommencer à fuguer. Je l'ai juste regardé d'un air triste. Je savais ce qui allait se passer.

Dès que le policier est parti, mon beau-père m'a roué de coups et m'a mis la jambe dans le feu en criant que, si je m'enfuyais encore, il la couperait. Puis lui et ma mère sont partis travailler.

Le piment de ma mère

J'ai pleuré un long moment dans mon coin. Ma sœur Sabira est venue me rejoindre. Réconforté, je lui ai tout raconté : où j'étais allé, où j'avais vécu. Elle ne s'en souvient plus, mais, sur le moment, ça lui a paru tellement bien qu'elle voulait partir avec moi. Comme je ne lui avais raconté que les choses positives, elle ne savait rien des moments durs et des endroits plus sordides les uns que les autres, rien sur la tristesse ou les abus sexuels. Je me rappelle lui avoir déclaré que je connaissais une adresse où on vous donnait à manger, des gâteaux et de la glace : « On ira ensemble. Oui, laisse-moi un peu de temps, et on s'enfuira. Je m'occuperai de toi. » Elle était aux anges.

Ma plus jeune sœur, la petite Sabiya, est restée là à nous écouter.

Ma mère travaillait de longues heures chez une personne pour qui elle faisait le ménage, le linge et la cuisine, mais elle ne gagnait pas grand-chose – pas plus de 100 ou 200 roupies par mois. Imaginez un peu : aujourd'hui, on ne pourrait même pas se payer un repas par jour avec ça, et c'était son salaire pour le mois entier ! Elle rentrait vers 5 heures ou 6 heures du soir et allumait la lampe à pétrole. Et elle enchaînait en nous préparant à manger dans une atmosphère étouffante : nous n'avions pas l'électricité, et donc pas de ventilateur.

Ce soir-là – je garde un souvenir très précis de cet instant –, elle m'a appelé pendant qu'elle cuisinait et dès que je me suis approché, elle m'a jeté de la poudre de piment dans les yeux. La brûlure était terrible. J'ai poussé de tels hurlements que des voisins sont venus voir ce qui se passait. Théâtrale comme toujours, elle a fondu en larmes en leur disant qu'elle n'en pouvait plus que je passe mon temps à fuguer, qu'ils avaient été obligés de payer le policier et qu'ils ne savaient plus quoi faire de moi, leur seul fils ! Je n'arrivais pas à comprendre pourquoi elle m'avait fait ça. Elle m'a alors expliqué que Sabiya lui avait répété que je comptais m'enfuir avec Sabira et m'a demandé si c'était vrai. J'ai menti, juré qu'on avait juste bavardé. Quand ma mère est partie à l'épicerie, j'ai tapé ma sœur si fort qu'elle a pleuré.

Une fois de plus, ma mère m'a cherché du travail, mais avant même qu'elle trouve, je me suis enfui – sans ma sœur. Je savais que le monde dehors était cruel, que la vie était dure, mais chez moi, ce n'était guère mieux, pour ne pas dire presque pareil. Si difficile que ce soit, dehors au moins j'étais libre de faire ce que je voulais.

L'apprenti

J'ai erré dans différentes gares de l'ouest de Bombay : Dadar, Grant Road, Borivali. Je ne restais jamais au même endroit, je partais au nord, au sud ou plus loin encore. J'aimais prendre les trains tout en longueur qui m'emmenaient à l'extérieur de la ville, sauf qu'il me fallait un temps fou pour revenir.

Un soir, j'étais à la gare de Borivali, des gens faisaient la queue devant un marchand de glaces ambulant. Je suis allé mendier. La plupart des clients m'ignoraient, mais quelques-uns me filaient des petits morceaux, et – mmm ! – j'adorais ça. J'en ai réclamé encore. J'ai mendié un bon bout de temps avant que le marchand me crie de déguerpir. Je lui ai répondu en hurlant moi aussi. Il était tellement furieux qu'il m'a empoigné, m'a giflé et m'a poussé au loin :

« Va-t-en, si je te revois encore ici, je te flanque une raclée ! Je ne veux plus te revoir dans le coin !

— Ah bon, la gare t'appartient ? »

Il m'a envoyé valdinguer et je suis tombé par terre en pleurant. Mon sens de la répartie me jouait de mauvais tours !

Tout à coup, j'ai entendu une voix très douce : « Tu veux une glace ? » L'homme modestement vêtu qui posait cette question somnolait au bord de la route. J'ai répondu que oui. Il s'est levé et est allé me chercher une glace. Était-ce quelqu'un de bien, ou avait-il de mauvaises intentions ? Je n'étais pas sûr. Après avoir mangé ma glace, j'ai décampé en vitesse sans regarder derrière moi. J'ai couru à toutes jambes et je suis allé dormir sous un pont.

Le lendemain, je suis revenu devant le marchand de glaces où j'ai vu l'homme de la veille. Il a voulu savoir pourquoi je m'étais sauvé. Je ne lui ai pas répondu et j'ai demandé aux autres passants s'ils voulaient bien m'acheter une glace. Le marchand m'a jeté un regard si noir que j'ai arrêté de mendier et suis resté planté en silence devant sa carriole. Des gens m'ont donné des pièces, mais je n'ai pas eu de glace.

Le gentil monsieur est revenu me parler, m'a interrogé : pourquoi est-ce que je mendiais ? Où étaient mes parents ? J'en avais assez de ces questions. Je lui ai répondu avec colère que je n'avais personne. Il m'a expliqué que, au lieu de mendier, je ferais mieux de travailler ou de récupérer des rebuts pour les revendre : « Avec cet argent, tu pourrais faire ce que tu veux. Tu es un grand garçon, maintenant. » C'était une idée nouvelle pour moi. Je lui ai réclamé une glace et il m'en a payé une. Comme j'avais l'impression que c'était en fin de compte quelqu'un de bien, j'ai décidé de prolonger la conversation : je ne savais rien de ce dont il me parlait et j'avais besoin qu'il m'en dise plus. Je suis resté là un long moment avec lui. Quand je me suis endormi, il m'a pris dans ses bras, mais sans mauvaises pensées et il n'a pas essayé de profiter de moi. J'ai dormi à poings fermés, et, à mon réveil, il m'a donné du thé et du *paav* avec du beurre. Puis il est parti travailler et a bien voulu que je l'accompagne.

Je ne me rappelle plus son nom, je l'appellais *Mama*, ça veut dire Oncle. C'était un homme merveilleux grâce auquel j'ai beaucoup appris. Voyant qu'il portait un grand sac, je lui ai demandé s'il enlevait des enfants. Il a eu l'air si étonné que je lui ai raconté que, à la gare, des gamins m'avaient dit de me méfier de ceux qui trimballaient un grand sac, qu'ils vous enlevaient et vous tuaient sous un pont. Il a souri et m'a proposé de jeter un œil dans le sien : des bouteilles, des bouts de métal, de papier et de plastique, rien que des choses qu'il avait récupérées dans le caniveau ou dans les poubelles.

Il tenait à la main un instrument métallique avec lequel il fouillait les poubelles dans l'espoir d'y trouver n'importe quoi qu'il pourrait vendre au marché pour être recyclé. Il m'a dit que, si on vendait quelque chose, on irait manger un morceau, et peut-être voir un film. Pendant cette première journée que j'ai passée avec Mama, j'étais tellement content que je n'arrêtais pas de sourire.

Le lendemain, je l'ai de nouveau suivi et j'ai constaté qu'il ne retournait jamais deux fois au même endroit. Il m'a expliqué qu'il n'était pas le seul à faire ce boulot, qu'ils étaient nombreux à vivre de cette manière, et qu'il fallait quelquefois changer de quartier. Si vous aviez de la chance, vous arriviez le premier, mais, souvent, quelqu'un était déjà passé. Le sac pouvait être tantôt plein, tantôt vide.

On est allés dans un autre quartier où il lui arrivait de trouver de la nourriture, en plus des choses habituelles. Si c'était le cas, il m'a dit que je pourrais garder mon argent pour aller au cinéma ou m'offrir une glace !

Les poubelles de cette époque étaient rondes avec des rayures noires et blanches. Comme je courais très vite, dès que j'en repérais une, je me précipitais en criant à Mama de me rejoindre. Puis je sautais dedans et me mettais à fouiller. Dès que je trouvais de la nourriture, je la lui lançais, mais il me disait : « Non, on ne va pas tout prendre, laisse-moi te montrer comment on sait si c'est bon ou pas. » Puis il se mettait à renifler la nourriture.

Il mettait certaines choses dans son sac et en tenait d'autres à la main. J'avais moi aussi un sac dans lequel je gardais les aliments qui avaient passé victorieusement le test du reniflage, et qu'on allait manger ensuite sous un arbre. Au premier coup d'œil, tout me semblait mauvais, mais lui continuait à manger. Alors, au début avec méfiance, j'en faisais autant et, croyez-moi, c'était vraiment bon ! À partir de ce jour, je me suis fié à son jugement.

C'était la première fois que je rencontrais dans la rue quelqu'un de si gentil. Mama veillait sur moi comme l'aurait fait un vrai père. Et j'étais pour ainsi dire son apprenti. Ensemble, on ramassait des quantités de choses. Il me montrait comment trier le verre, le plastique et le papier, car on ne peut pas tout vendre en vrac : les bouteilles ne s'achètent pas au même prix que le plastique ou le papier. Tous les trois jours, il m'emmenait à la gare de Grant Road où on vendait le tout.

C'est ainsi que, peu à peu, j'ai appris à me débrouiller. Je cherchais dans les poubelles, dans le caniveau et même dans les égouts. J'ai fini par savoir où regarder et comment, où trouver telle ou telle chose en changeant de quartier de temps en temps.

Grant Road est un quartier très animé. Plein de cinémas passent des films pour pas cher – 2 ou 3 roupies le billet, 20 si c'est un nouveau film. Il nous arrivait de manger là-bas des friandises, de la soupe de mouton, des gâteaux bon marché, des samossa ou des *batata wada*. Je découvrais la vie et l'économie de la rue. Une fois tous nos trucs vendus, et selon ce qu'on avait gagné, il allait dans le quartier des prostituées. Comme j'étais tout jeune, je ne savais pas ce qu'il y faisait, mais il s'y rendait chaque fois qu'on allait vendre notre « récolte » dans les parages. Je l'attendais dehors. Je me demandais ce que toutes ces femmes pouvaient bien attendre, derrière les rideaux qui remplaçaient les portes, et je ne saisisait pas davantage le sens des actes tout à fait inédits pour moi que j'y apercevais. Le temps passant, j'ai compris pourquoi il allait là-bas…

Je suis resté avec lui trois ou quatre mois. Et puis un soir, la police l'a embarqué. On appelait ces descentes de flics des *dhaad*. Dès qu'on apercevait le fourgon, on criait « *dhaad* arrive ! » en filant se cacher, car il arrivait qu'ils ramassent aussi les enfants. Le soir où ils ont emmené Mama, j'ai passé la nuit sous un énorme tuyau. Je suis resté là tout seul pendant une semaine, mais Mama n'est jamais revenu. Il m'a manqué. J'aimerais bien le retrouver.

Tu le veux, gagne-le

Il a cependant fallu que je bouge. Je n'avais plus d'adulte pour me protéger, mais j'ai rencontré des enfants qui eux aussi ramassaient des choses à recycler. J'ai appris d'autres combines, comme vendre des bouteilles d'eau dans les trains. Malheureusement, il y avait tout le temps des policiers.

Un jour, l'un d'eux m'a attrapé. Je savais qu'il était en charge des mineurs. Mes copains m'avaient parlé de ces policiers qui pouvaient être très violents : ils vous battaient comme plâtre, et certains vous faisaient même subir des aggressions sexuelles. J'avais entendu raconter plein d'histoires de ce genre sur cet homme. Quand il m'a attrapé, je lui ai dit que mon père et ma mère étaient de l'autre côté de la gare. Il m'a demandé de le conduire jusqu'à eux. Dès que j'ai vu un train démarrer, je l'ai mordu pour qu'il me lache, j'ai couru à toute allure pour sauter à bord du train, et je lui ai montré mes fesses ! Il était fou de rage. Je ne suis pas retourné à la gare pendant un bon moment.

Je savais déjà tous les trucs de la mendicité et aussi comment vendre des bricoles, et les gares étaient l'endroit parfait pour ça. Mais à Dadar, j'ai appris quelque chose de nouveau : il ne s'agissait pas de simplement survivre, mais de gagner ma vie. Je pouvais avoir mes petits projets à moi, et les mener à bien grâce à un « vrai » travail et à un salaire que je ne devrais qu'à moi-même. Ça s'est fait très progressivement…

Il y avait à la gare de Dadar un stand de glaces comme à Borivali. Je mangeai de la glace que je récupérais dans la poubelle quand des clients en laissaient dans leur coupelle. Après m'avoir regardé un long moment, le marchand m'a fait signe d'approcher : « Ce n'est pas comme ça qu'il faut faire, si tu veux une glace, il faut que tu la gagnes. » Et il m'a proposé un boulot : apporter les glaces aux clients. Mais comme je n'étais qu'un petit vagabond, j'ai fini par abandonner. Un peu plus tard, quand j'ai voulu reprendre ma place, le marchand m'a chassé. Il ne voulait plus me revoir. Mais c'était une nouvelle expérience, et j'ai eu envie de continuer à apprendre les ficelles du bizness de la rue.

J'ai alors fait la connaissance au même endroit d'un garçon plus âgé qui vendait des peignes, des étuis en plastique pour les cartes de train et autres petits articles. Je l'ai longuement observé. Un jour, il m'a interpellé : « Hé, toi, viens par ici ! Tu veux bosser ? » J'ai accepté aussi sec. Il m'a proposé de me nourrir et de me donner un peu d'argent. J'ai donc vendu des peignes avec lui. Je n'arrêtais pas de crier toute la journée sur la passerelle : « *Lady sale, lady sale !* » J'ai travaillé là quelque temps, je ne sais plus combien exactement. Je me souviens qu'il m'emmenait déjeuner ou dîner de l'autre côté de la passerelle et qu'on mangeait du *keema paav*. Il était très gentil, mais, là encore, c'est moi qui n'ai pas voulu rester. Dès que j'avais quelques sous, je filais au cinéma. Et comme je n'avais pas les moyens de voir les films à 2 ou

3 roupies à Grant Road, j'allais dans des salles de vidéo qui passaient des films pour 50 paise ou 1 roupie. J'ai découvert ces endroits avec d'autres enfants des rues dans plusieurs quartiers : à Wadala, Dharavi, Sion, Matunga.

Qu'est-ce que je n'ai pas fait ? J'ai même été porteur à la gare centrale de Bombay : je transportais les bagages sur ma tête. Je gagnais 2 ou 3 roupies, mais c'était difficile. Les valises avaient beau être souvent trop lourdes pour moi, j'essayais quand même. Certaines personnes me les confiaient, mais d'autres refusaient sous prétexte que j'étais trop petit.

On appelle ceux qui font ce boulot des « coolies » ; on en trouve dans toutes les gares en Inde. Et ceux qui font ce travail depuis longtemps portent un badge, ce qui leur donne un air de supériorité sur les petits débrouillards comme moi, qu'ils considèrent comme des parasites. Un jour, l'un d'eux m'a flanqué une rouste et m'a piqué tout mon argent. Ça m'a mis hors de moi. Je lui ai lancé que, moi aussi, j'aurais un jour un badge, qu'il me laisse juste le temps de grandir !

Le métier pouvait offrir des bonnes surprises : une fois, un passager m'a donné 100 roupies. J'étais bouche bée. Je le regardais lui, puis les 100 roupies, puis lui à nouveau, tour à tour. Le sens pratique m'est revenu bien vite. Je portais des vêtements tout déchirés, mais j'y ai caché les billets comme j'ai pu. Seulement, tous les enfants des rues connaissent ce truc, si bien que, quand je me suis réveillé le lendemain matin, l'argent avait disparu. J'en ai pleuré. C'était la première fois que je gagnais une somme pareille. J'ai interrogé tous les gamins qui traînaient dans la gare et récolté, selon l'humeur de mon interlocuteur, des taloches ou de simples : « *No yaar* (non, mon cher), je ne te l'ai pas pris. » J'étais très déçu et très en colère. J'ai hurlé et juré comme un charretier en maudissant celui qui m'avait volé mon argent.

Les copains

Pour me consoler, les copains m'ont emmené dans un endroit où on donne à manger gratuitement, une fois par semaine. Il existe plein de lieux comme ça où, un jour précis, on distribue de la nourriture au nom d'un dieu ou d'un autre, près d'un temple ou d'une mosquée. Ce qui comptait pour nous, c'était de manger, rien d'autre. Du coup, j'ai fini par connaître des tas d'adresses. C'est aussi grâce aux copains que j'ai découvert la plage de Chowpatty. Je me souviens encore de la première fois où j'y suis allé. La mer me faisait tellement peur que je suis entré dans l'eau un orteil après l'autre alors que les autres se jetaient dedans comme des fous.

Je prenais mes douches à proximité dans la cour de la gare. À dire vrai, on n'avait pas trop besoin de se doucher vu que, plus on était sale, plus on nous donnait des pièces, ou à manger. Si on était propre, on ne recevait pas autant. Quand les gens voient des gamins crasseux en haillons, ils se sentent mal à l'aise et ont tendance à se montrer plus généreux. Le revers de la médaille, c'est que certaines personnes dans le train étaient mécontentes quand on les touchait. Aujourd'hui je les comprends, mais à l'époque ça me mettait en rage. Je les insultais. Du coup, parfois, je recevais en retour une volée de coups. Mais je savais désormais quoi faire : je criais si fort que d'autres passagers venaient à mon secours.

C'est ainsi que j'ai appris à me débrouiller, en observant le comportement des gens, en tirant des leçons des mauvaises expériences et en imitant les méthodes des autres gamins.

Je me souviens d'un jour à Marine Drive où des enfants des rues ont l'habitude de sauter dans la mer du haut d'un mur. Je voulais faire comme eux, seulement j'avais la trouille. D'un seul coup, un garçon m'a poussé dans le dos. J'ai hurlé et suis tombé dans l'eau. D'autres garçons ont immédiatement sauté et m'ont sauvé : je me rappelle avoir cru que c'était ma dernière heure. En sortant, j'ai d'abord voulu me battre avec celui qui m'avait poussé. On se connaissait déjà, et je me souviens qu'il ne m'aimait pas du tout. Et comme il était un peu plus grand que moi, il en a profité : il m'a frappé et insulté en me traitant de *darpoke*, de trouillard. Je n'ai pas moufté, car je préférais ne pas me faire réduire en miettes sur le champ. Mais quand il est reparti sauter dans l'eau, je me suis carapaté en prenant ses vêtements, que j'ai balancés dans la mer, le plus loin possible. Je l'imagine encore, obligé de se balader tout nu !

J'ai découvert toutes les plages de Bombay et j'ai vite compris que la mer était un excellent remède. Les enfants qui vivent dans la rue sont couverts d'affreux furoncles. Quand on entre dans l'eau salée, ça brûle, mais, au bout de trois ou quatre jours, tout a disparu, comme par magie. La mer est devenue mon médecin. Elle m'a débarrassé des poux et des furoncles. Aujourd'hui, chaque fois que je vais au bord de la mer, ces images me reviennent, et je n'arrive toujours pas à croire que j'ai pu mener une vie pareille.

Jeux dangereux

Lorsqu'on allait à Marine Drive, on s'amusait à faire la course dans les trains. Il y avait des règles du jeu précises. On montait dans un train à Borivali, puis on descendait dans chaque gare, on se précipitait jusqu'aux fontaines pour boire de l'eau puis on courait sur le quai pour remonter dans le dernier wagon avant de sauter de nouveau à l'arrêt suivant.

Un jour, on a fait ça jusqu'à la gare de Dadar. Il y avait deux frères dans notre bande, et le plus jeune est passé sous un train. On l'a tous vu tomber. On lui avait crié de courir, mais à la dernière minute il a glissé sur les rails. Son frère, qui lui avait eu le temps de sauter dans le train, s'est mis a pleurer. On était tous hébétés et tellement sous le choc qu'on tremblait des pieds à la tête. On ne savait pas quoi faire. À la gare suivante, on est descendus et on est revenus sur nos pas. Le petit frère n'était plus là.

Nous avons interrogé les gens dans la gare. Mais des trains passaient toutes les deux minutes et les passagers changeaient sans arrêt. Personne n'avait entendu parler d'un accident. Nous avons demandé à des cireurs de chaussures, qui restaient sur place et auraient pu voir ce qui s'était passé, mais ils ne savaient rien.

Ce jour-là, on n'est pas allés à la mer. On est retournés à la gare de Borivali, tous un peu assomés, et on a essayé de rester tranquilles et de ne pas trop parler. Mais ça a fini en bagarre : mon copain, le frère aîné, a déclaré d'un seul coup que ce qui était arrivé était ma faute. J'ai répondu que non, c'était la sienne. En réalité, c'était notre faute à tous les deux.

Une semaine plus tard, un homme est venu voir mon copain et lui a parlé de son frère qu'on croyait tous mort. On l'a accompagné à l'hôpital de Sion. Là, on a aperçu le petit garçon qui était passé sous le train, et sa mère. En voyant arriver son fils aîné, la mère s'est mise à hurler. Je suis resté là à les regarder en repensant à ma mère à moi. Le petit frère avait perdu un doigt et avait un énorme pansement, mais il nous souriait. Il nous a même dit : « Si je n'étais pas tombé, c'est moi qui aurais gagné la course ! » En l'entendant, j'ai pensé que ce petit bonhomme avait de toute façon gagné, même si, à cause de son doigt mutilé, il se souviendra de ce jour toute sa vie.

Les deux frères sont restés avec leur mère. Je n'ai plus jamais revu l'aîné ; en revanche, des années plus tard, j'ai croisé le garçon au doigt coupé à Snehasadan. Nous avons ri en repensant à cette journée.

Dans les bras de ma mère

J'étais de nouveau tout seul lorsque j'ai rencontré un garçon et sa sœur qui vivaient avec leur famille devant la gare de Dahisar. Il cirait les chaussures. En l'observant, j'ai vu qu'il gagnait entre 20 et 25 roupies par jour – mais certaines fois rien du tout. J'ai pensé que je pourrais faire comme lui au lieu de mendier. Il m'a montré où se procurer une brosse et du cirage, et je me suis lancé dans cette nouvelle aventure. J'étais très content. Je me disais que j'étais grand (sept ans !), que j'arrivais à me débrouiller tout seul.

Il n'empêche que, au début, c'était difficile. Des garçons plus âgés venaient me dire que l'endroit où je m'étais installé avec mon matériel, c'était « leur » coin et jetaient mes affaires ou me les volaient purement et simplement. Ce traitement me mettait hors de moi. Un jour, de colère, j'en ai frappé un avec une pierre. Le moins qu'on puisse dire, c'est que la pierre était plus efficace que mes petits poings ! En voyant qu'il était blessé, lui et ses amis m'ont tabassé. Sur le moment, j'ai pleuré, mais, à partir de ce jour-là, j'ai transporté des pierres partout avec moi pour me défendre.

Un soir, des garçons m'ont volé tout mon argent et mon cirage. Et, pour je ne sais quelle raison, ils m'ont en plus tailladé les cheveux. Je me suis senti soudain très triste. Tout ça me fatiguait, et puis ma mère me manquait tellement que je suis retourné chez moi. Quand elle m'a aperçu sur le seuil avec mon drôle d'air et mes furoncles, elle ne s'est pas mise à crier, car elle avait compris tout de suite que j'étais mal en point. Je sentais mauvais, je pouvais à peine marcher ou parler, et les voyoux avaient laissé mes cheveux en piteux état. Elle m'a lavé avec de l'eau chaude mélangée à du sel pour désinfecter mes furoncles.

J'étais vraiment malade et, dans ces moments-là, on pense toujours à sa mère. Il n'existe pas de meilleur remède au monde. Elle m'a juste demandé pourquoi je m'étais enfui. Mon beau-père était là, qui nous regardait. Ma mère l'a supplié de ne pas me battre. Je ne supportais pas cet homme, je le détestais. Mais je ne pouvais pas lui montrer ce que je ressentais : il était tellement plus fort que moi ! Je me rappelle pourtant m'être juré que, s'il me frappait, je lui planterai un couteau dans le ventre et m'enfuirais de nouveau. Je le tuerais. Les films m'avaient fort impressionné, comme vous pouvez voir…

Ce jour-là, il ne m'a pas touché. Je me suis endormi dans les bras de ma mère. Sa main était magique ! Elle était très douée avec ses mains : dès qu'elle passait ses doigts dans mes cheveux ou qu'elle me tapotait la tête ou le dos, je tombais dans un profond sommeil comme si je n'allais jamais me réveiller.

Comme au cinéma

Après un mois passé à la maison, j'ai commencé à aller mieux. Mes sœurs Sabira et Sabiya jouaient avec moi. Je leur racontais toutes mes histoires incroyables et héroïques – encore une fois, seulement les bonnes choses. Sabira m'a dit que, si je repartais, elle viendrait avec moi, qu'elle ne voulait pas rester avec notre beau-père. Je leur ai expliqué comment je vivais, où je trouvais à manger, ce que je faisais, où je dormais. Je ne savais pas si c'était bien de raconter tout ça, mais je pensais que je pourrais prendre soin de mes sœurs. Après tout, j'étais cireur de chaussures !

Ma mère m'a encore une fois trouvé un travail, dans une fabrique de métal. À Goreagon, nous habitions sur la butte, à côté de Film City, où se trouvent les studios de cinéma. Mon travail n'était pas très loin, mais, à cette époque de ma vie, une seule chose m'intéressait : les héros que je voyais au cinéma. Si bien que je partais le matin vers Film City, mais… pas pour aller à l'usine. J'errais dans la forêt, m'imaginais en héros capturant des chevaux, des tigres et toutes sortes d'animaux.

Un jour, je suis rentré chez moi après m'être baladé. Qui serait là à m'attendre sinon mon affreux beau-père ? Il a voulu savoir d'où je venais et, quand j'ai prétendu être allé à l'usine, il m'a frappé violemment au visage, sous les yeux de Sabira. Il en revenait et savait que je n'y étais pas allé. Je n'ai pas su quoi répondre. Je me suis interrogé une seconde : et si je lui donnais un coup de couteau ? Et si je lui lançais une pierre ? Il m'a saisi, et m'a attaché avec une corde. Plus tard, ma mère est rentrée et m'a crié après. Le refrain habituel : elle en avait vraiment assez et ne savait plus quoi faire de moi.

Le lendemain matin, je me suis de nouveau enfui.

Feroze

C'était comme un commencement. Je me suis trouvé encore une fois dans les gares à faire divers petits boulots : porter les bagages, mendier, cirer les chaussures. Il y avait en plus une nouveauté : je chantais dans les trains en tapant deux pierres en rythme pour m'accompagner. J'avais beau chanter horriblement mal, ça m'amusait. J'ai fait équipe avec un garçon pendant une ou deux semaines, mais notre orchestre ne marchait pas vraiment.

Puis je me suis fait un autre ami. Il s'appelait Feroze. Un garçon au cœur sur la main, qui avait la même histoire que moi et s'était enfui de chez ses parents. Sauf que cette vie pour lui était nouvelle, et comme il n'avait jamais vécu dans la gare, je lui ai appris quelques combines en lui montrant les endroits où les enfants pouvaient aller. J'estimais que, ce qu'on a, on doit un jour le redonner à quelqu'un.

Feroze et moi sommes devenus amis. Au début, on ne traînait pas ensemble toute la journée. Lui partait de son côté, moi du mien, et on se retrouvait à Dadar, mon port d'attache. Je pouvais aller vadrouiller dans la journée dans toutes les directions, mais je revenais toujours à la gare de Dadar. Un restaurant, encore réputé aujourd'hui pour ses *batata wada*, attirait des clients par centaines. J'allais souvent mendier devant, même quand je cirais les chaussures. Feroze avait du mal à faire la manche, mais comme moi ça m'était facile, je lui rapportais à manger.

Puis on est devenus inséparables. On cirait les chaussures ensemble, on voyait des films, on allait là où on pouvait manger gratis. Quelquefois, même à 10 heures du soir, on allait dans un endroit à Grant Road où on pouvait avoir du *paav* et du *daal* après le film. Dans ces cas-là, on restait à la gare de Grant Road où je m'asseyais sous le comptoir des billets pour mendier. Et puis on partait à la mer se baigner. Je lui ai fait connaître tous les endroits intéressants de la vie des rues, et je lui ai appris aussi tout ce que je savais sur l'art de la débrouille.

J'ai partagé tout ça avec Feroze parce qu'il était novice dans la rue. Tout le surprenait, il ne savait pas qu'on pouvait vivre de cette façon, mais il était heureux. Il ne s'entendait pas avec son père et sa mère. Ça m'a permis de comprendre que je n'étais pas le seul à avoir ce genre de problèmes, c'était rassurant ! À huit ans, c'était la première fois que j'avais un ami aussi proche, avec qui je pouvais parler de tout, même des choses difficiles.

On a passé environ un mois ensemble. Un jour, on est allés au marché de Byculla, un très grand marché où d'énormes camions venaient tous les matins décharger des tonnes de fruits. Quelques-uns tombaient sur la route. On se glissait sous les remorques pour les ramasser, puis on les revendait à la gare, 2 roupies pièce. À présent, lorsque je passe sur le pont de Byculla, je revois ce jeune Amin en train de vendre des fruits avec Feroze.

Frère et sœur dans la rue

Et puis un beau matin, la magie ! Je sais que c'est difficile à croire, pourtant, c'est la vérité. Je me suis réveillé très tôt, vers 5 heures du matin, puis je suis allé boire un peu d'eau et j'ai commencé à jouer à mon jeu préféré : faire la course sur le quai avec le train, sauter dedans, puis aussitôt redescendre. C'est alors que j'ai aperçu une fille devant l'épicerie de la gare de Dadar. De dos, elle ressemblait à Sabira, ma petite sœur de six ans. Et c'était bien elle… Je n'en croyais pas mes yeux ! Dès qu'elle m'a vu, elle s'est jetée dans mes bras, et en me serrant très fort, elle s'est mise à pleurer.

Je n'oublierai jamais ce matin où j'ai retrouvé ma sœur. Elle m'a raconté qu'elle m'avait cherché et que, comme je lui avais dit que je vivais à la gare de Dadar, elle était là depuis deux jours à m'attendre. Elle était partie de la maison en emportant une couverture et quelques habits. Je n'avais jamais rien pris en partant, mais Sabira avait des idées différentes. Elle m'a expliqué que notre beau-père l'avait battue une fois de trop. Elle s'était enfuie et avait demandé le chemin de la gare de Dadar. Et on s'était retrouvés ! C'était vraiment magique. Sabira et moi avions toujours été très proches. À la maison, on se parlait beaucoup et on jouait ensemble. Bon… Quand notre mère nous donnait à manger ou qu'on rapportait les courses de l'épicerie, je prenais quand même sa part en plus de la mienne ! Nous étions très jeunes, et je n'avais aucune idée que ce que je faisais était mal. Pour moi, c'était seulement un jeu.

Mais là, nous étions à nouveau réunis. J'ai présenté Sabira à Feroze et à un autre garçon dont j'ai oublié le nom, et on est restés tous ensemble. Je leur ai dit que je me sentais grand, que j'allais cirer des chaussures pour gagner ma vie et m'occuper de ma sœur. Et je l'ai fait.

Le premier jour, on est allés dans des tas d'endroits, on a vu un film et on a mangé plein de choses. Sabira était ravie. On est retournés à la gare, où on a décidé de dormir tous ensemble. Cette nuit-là, j'étais très inquiet. Je savais qu'être dehors est dangereux pour une fille. Avec mes amis, nous nous sommes installés dans la partie la plus éclairée de la gare, où il y avait aussi un vieil homme, des femmes et des enfants. En dormant là, au milieu de la foule, on se sentait à l'abri des policiers et des gens mal intentionnés. Sabira a dormi entre nous, mes amis d'un côté, moi de l'autre.

Mais j'avais eu tort de croire qu'on était en sécurité. Moi qui pensais qu'on prenait bien soin de ma sœur, et que la foule nous protégerait, je m'étais trompé. Cette première nuit, ma sœur a été enlevée. Le matin, à mon réveil, Sabira avait disparu. J'ai eu beau interroger le vieil homme et les gens qui étaient là, personne ne savait où elle était. J'ai pleuré et couru dans tous les sens sur le quai avec Feroze. En vain. Toute la journée, rien.

Le soir, j'ai fini par la retrouver à la gare de Dadar. Elle m'a dit qu'un homme l'avait embarquée dans un taxi et que le chauffeur l'avait aidée à se sauver. Je ne comprenais pas bien ce qu'elle racontait, mais je me doutais qu'il avait dû vouloir l'emmener dans le quartier des prostituées. Il y a des hommes qui enlèvent des filles et qui les obligent à faire des choses horribles. À ce moment-là, je n'en savais pas très long là-dessus, mais je savais que c'était dans ce quartier que ça se passait.

Le soir, le même individu est revenu, accompagné cette fois d'un compère. Sabira me les a montrés du doigt et s'est mise à pleurer. On ne pouvait rien faire d'autre que partir en courant. On a traversé les rails pour sauter sur le quai d'en face. J'ai ramassé des pierres, mes amis aussi. Puis on a mis ma sœur à l'abri à l'autre bout du quai et on a commencé à lancer des pierres à nos poursuivants. Après ça, on a sauté dans un train pour aller à la gare de Borivali où on est restés toute la nuit. Nous n'avions pas la moindre idée de ce qu'on allait faire ensuite. Mais Sabira était saine et sauve, et elle était avec nous.

Le lendemain matin, Feroze et moi avons discuté. Je lui ai juré que, qui que soient ces types, je les tuerais s'ils s'approchaient encore de ma sœur. Il a proposé qu'on garde des pierres sur nous en permanence. On est revenus à Dadar – c'était notre chez-nous – et on s'est assis en observant du coin de l'œil tous les passants.

Sœur Séraphine

Il y avait trois jours que ma sœur m'avait rejoint, cinq qu'elle était partie de la maison. Je jouais avec Feroze au *kaata-chhapa*, un jeu où on parie sur des pièces, que nous avaient appris d'autres enfants des rues, et Sabira était avec nous.

Et c'est alors qu'est apparu le premier des anges qui allaient, une rencontre après l'autre, changer ma vie. Sœur Séraphine. Elle est venue vers nous pendant qu'on jouait et a demandé d'une voix très douce : « Dis-moi comment tu t'appelles, *Baba.* » Mais j'ai saisi aussitôt une poignée de cailloux et j'ai répondu : « Va-t-en, sinon je te frappe ! »

Sœur Séraphine n'a pas bougé. Un peu surpris, on a préféré se lever et s'éloigner, mais elle nous a suivis et a commencé à nous parler, à Sabira, Feroze et moi. Elle était accompagnée d'un garçon, Chand. Il m'a dit : « Hé, écoute-la ! Ce sera bien pour toi et ta sœur. Si vous venez, vous aurez de quoi manger, vous habiller, et tout ce qu'il faut pour vivre. » Et il a ajouté : « J'étais comme vous. Moi aussi, j'étais dans la rue. Je sais que c'est dur et difficile de vivre ici, d'échapper à la police. Et si jamais les flics vous attrapent, ils vous envoient dans une prison où on reste toute la vie. »

J'ai pensé tout de suite à Sabira, et j'ai eu peur pour elle. J'ai demandé à Sœur Séraphine combien il fallait que je la paye pour qu'elle s'occupe de ma sœur. Elle m'a répondu en souriant : « Baba, tu n'as rien à me payer du tout, et tu peux venir toi aussi. » J'ai rétorqué que je travaillais, que je cirais des chaussures et que je la paierais. Feroze a décidé de la suivre, alors je lui ai demandé d'emmener ma sœur et de veiller sur elle. Sabira m'a supplié de venir moi aussi, mais je lui ai dit de partir et promis que j'irais la voir. Sœur Séraphine n'a pas insisté et ils sont partis tous les quatre.

Je ne savais pas où ils étaient allés, et je me suis senti tout de suite très seul. Je n'avais demandé ni l'adresse ni rien. J'avais juste dit, en prenant un air important, que « je paierais pour tout ». Et puis j'ai repensé que Feroze était avec ma sœur. Je lui faisais confiance. S'il y avait un problème, j'étais sûr qu'il reviendrait avec Sabira.

Quelques jours plus tard, vers 8 heures ou 9 heures du matin, je dormais sous une rangée de chaises à la gare de Dadar et je me souviens que je rêvais. J'entendais une voix, la voix de Sabira. Sauf que je ne rêvais pas, c'était bien la réalité ! J'ai ouvert les yeux et j'ai vu ma sœur. Elle avait une allure tout à fait différente : vêtue d'une nouvelle robe et les cheveux propres, elle était toute jolie ! Étonné, je lui ai demandé qui lui avait donné tout ça. Elle m'a répondu : « Il faut que tu viennes avec moi, mon frère. Sinon je n'y retourne pas. » C'est ce que Sœur Séraphine lui avait conseillé de me dire.

Et cette fois, je suis parti avec eux. Je me rappelle que j'ai continué à jouer pour essayer d'impressionner Sœur Séraphine : « Regarde, je cours plus vite que le train ! » Je sautais ici et là comme un singe. Ça m'amusait. Sœur Séraphine était pleine de patience. Sans se mettre en colère, elle m'a seulement dit : « Baba, ne fais pas ça, tu vas te faire du mal. »

Et elle m'a conduit dans cet orphelinat qui s'appelle Snehasadan. Dans le bureau principal, j'ai rencontré de nouveaux anges : le Père Placido Fonseca, que tout le monde appelle Père Placie, et l'adorable Tina Guido, l'assistante sociale que tous les enfants appelaient Tina *Didi*. Une personne si gentille et si douce ! Je ne peux pas dire à quel point ! Je me souviens très bien d'elle car la douce Tina fait partie de mon enfance.

Tina Didi m'a demandé mon nom qu'elle a inscrit dans un registre et elle m'a ensuite donné du chocolat.

Je me suis rendu compte qu'il y avait là beaucoup d'enfants comme moi. J'en connaissais certains, avec qui j'avais vécu à la gare. Ma sœur est allée dans la maison des filles, la maison n° 8. Je suis parti avec Chand et Sœur Séraphine dans la maison n° 1. Même si plusieurs garçons étaient plus vieux que lui, c'était Chand qui était « le grand » de la maison. il nous surveillait et nous donnait l'exemple… Mais j'ai aussi retrouvé Feroze : j'étais tout content.

C'est ainsi qu'a commencé ma nouvelle vie à Snehasadan, en 1988.

Snehasadan : un abri pour les sans-abri

C'était le nom que les gens lui donnaient, mais pour moi, son vrai nom, c'était la Maison de mes Rêves, une maison comme je n'en avais vue que dans ma tête. Et bien que les rêves ne se réalisent pas toujours, c'était devenu une réalité, comme par magie.

Et dans la cour de la Maison de mes rêves, il y a ce que j'appelle « l'Arbre de Snehasadan », qui porte des fleurs et des fruits : je veux vous parler de toutes les personnes formidables qui ont consacré leur vie aux enfants. Ce que j'ai et ce que je suis aujourd'hui, je le dois à Snehasadan. Sans ces personnes, Snehasadan ne serait rien. Elles lui ont donné un sens et c'est pour ça que Snehasadan veut dire « la Maison où l'on est aimé ».

Je tiens à citer tous ces hommes et ces femmes merveilleux. Vous rencontrerez chacun d'eux au cours de ces pages. Chacun avait une personnalité extraordinaire et unique, ils étaient tous différents mais tous partageaient un sens de la responsabilité qui les unissait. Sans leur extraordinairement volonté et leur engagement, rien de tout cela n'aurait existait et nous, les enfants, aurions tous continué à vivre dans la rue. À Snehasadan, tout le monde le savait.

Voici leurs noms :

Père Placido Fonseca
Père Anthony Fonseca
Frère Eloy Molines
Claude Nevers
Sœur Séraphine
Sœur Philo
Tante Mary Vieira
Tina Guido Didi
Theresa Fernandes Didi
Sangeeta Didi
Frère Vanci
Frère Adolf
Arlene Rego
Shashi

La maison numéro 1

Ma maison était la n° 1. Plus qu'une simple maison, elle a été le foyer que je n'avais jamais connu. Aujourd'hui encore, c'est ce que je ressens chaque fois que j'y pense ou que je dois aller là-bas : ma maison, ma famille. Dans les maisons pour les garçons, à Snesahandan, vivait un couple de parents qui était chargé d'élever les enfants. On les appelait Oncle et Tante. En anglais, ça donnait Uncle et Aunty. Les parents de ma maison, Uncle Dominic et Aunty Mary, avaient une fille, Jacinta. Les parents des autres maisons étaient Uncle Xavier et Aunty Salvita, qui eux avaient deux filles, Trinette et Esther. Il y avait aussi Uncle Vartaraj, Aunty Shakuntala et leurs deux filles, Sujata et Deepika. Et plein d'autres dont je ne me rappelle plus le nom. À l'époque, Snehasadan se composait de quatorze maisons. Celles où habitaient les filles n'étaient pas dirigées par des couples mais par des religieuses.

Dés les premiers jours, je me suis senti très bien. Je voyais des enfants qui venaient de toute l'Inde, et pourtant ce n'était pas étrange. Personne ne m'interdisait quoi que ce soit, il n'y avait pas de murs ni de grilles. Je n'avais jamais connu un endroit pareil : c'était comme une vraie maison, qui abritait une très grande famille. Dans la maison n° 1 vivaient vingt enfants. Tous ont parlé au petit nouveau, lui ont demandé son nom, et l'ont aussi bousculé de temps en temps. Mais ça m'était égal, c'était vraiment bien. Je n'avais pas l'impression d'être dans une prison, comme chez ma mère, ou un endroit où je n'avais personne, comme dans la rue. Aunty, Uncle et Jacinta étaient notre famille et s'occupaient réellement de nous. Et quelle grande famille ! Vingt frères, une tante, un oncle et leur fille.

Très vite, Aunty est venue me parler et me poser des tas de questions. Elle m'a donné des habits. Il y avait tout un mur couvert de casiers rouges et jaunes. Auntie m'en a attribué un où ranger mes affaires. C'était la première fois de ma vie que j'avais en endroit où mettre des choses : il n'y avait presque pas de meubles chez ma mère, et dans la rue, mon casier, c'était mes poches ! Un grand m'a fait prendre un bain. Et comme j'avais des furoncles un peu partout, il a versé de l'eau chaude salée dessus pour les soigner. Auntie m'a donné une pommade qui piquait mais qui a fini par apaiser ma peau.

J'ai fait la connaissance des autres garçons. Certains frimaient un peu parce que j'étais nouveau, d'autres étaient très gentils. C'est toujours comme ça quand on arrive dans un nouvel endroit, il faut du temps pour s'installer. Peu à peu, j'ai connu davantage de gens : le Père Tony et les *didi* (« grande sœur », c'est comme ça qu'on appelait les assistantes sociales), des garçons des autres maisons et l'adorable Frère Eloy Molines. Il n'est plus parmi nous, mais je garde le souvenir de lui et de tout ce qu'il a accompli. Je vous en reparlerai plus tard. Pour l'instant, je n'en suis encore qu'au tout début de ma vie à Snehasadan !

Je garde plein de souvenirs de mes premiers jours. On passait pas mal de temps à chercher ma mère. Je n'étais pas le seul à s'être enfui de chez lui, or beaucoup d'enfants retournaient chez eux un jour ou l'autre. Snehasadan avait pour politique de faire en sorte que leurs protégés réintègrent leur famille. Si celle-ci manquait d'argent, l'orphelinat l'aidait. Autrement, ils laissaient les enfants avec leurs parents, leur parlaient, leur donnaient des conseils. Bref, les gens de l'orphelinat continuaient à veiller aux enfants même quand ils étaient revenus chez leur père et leur mère.

J'ai commencé à aller un peu partout avec Sœur Séraphine, ou avec l'une des assistantes sociales. Leur but était de retrouver ma mère. Seulement, ce n'était jamais la bonne adresse. Ma mère déménageait souvent. Le bail des maisons qu'elle louait était révisé tous les onze mois. Et s'il n'était pas renouvelé, elle déménageait. Et parfois elle ne restait pas plus de six mois. Mais si on ne la trouvait jamais, en fait, c'est surtout parce que je ne le voulais pas ! J'accompagnais quand même les expéditions sans protester, parce qu'en chemin on nous achetait des glaces ou du chocolat… Au bout d'un moment, on a cessé de la chercher.

Plus tard, j'ai accompagné Sœur Séraphine et Sangeeta Didi lorsqu'elles allaient chercher des enfants des rues. On passait d'une gare à l'autre, je leur montrais ce qu'avait été ma vie et où trouver les enfants. Je me souvenais de la première fois où Sœur Séraphine était venue me parler avec Chand et j'essayais de faire la même chose pour d'autres enfants : je parlais la même langue qu'eux, je savais ce qu'ils vivaient et ce qui les aiderait à se décider à quitter la rue.

L'école

Le moment était arrivé pour moi d'apprendre à lire et à écrire. Je n'avais jamais eu envie d'aller à l'école, mais tous les enfants de Snehasadan y étaient obligés. Du coup, pendant six ou huit mois, j'ai suivi des cours dans le bureau principal où une *didi* nous a appris à lire et à écrire les chiffres et les lettres avant qu'on puisse être scolarisés. Je voudrais raconter tout ce que je ressens au fond de moi, mais je ne trouve pas toujours les mots. Si je sais lire et écrire aujourd'hui, c'est grâce à Snehasadan et à tout l'amour que j'ai reçu de cette *didi*.

Au début, les cours, c'était super. Mais comme je n'aimais pas trop étudier, je filais souvent en douce pour aller dire bonjour au Père Placie ou à Tina Didi. Sachant très bien à quoi s'en tenir en me voyant débarquer, l'adorable Tina disait : « Amin, viens ici ! » et elle me donnait un bonbon. Je n'étais pas le seul à avoir droit à cet acceuil. J'allais répéter aux autres que j'avais eu un bonbon et du coup ils faisaient la même chose. C'était très amusant, j'aimais beaucoup vivre comme ça.

Nous suivions des cours du lundi au vendredi, de 10 heures à 12 heures. Le weekend, j'attendais le lundi avec impatience. Certains jours, Sageeta Didi me demandait de l'accompagner lorsqu'elle partait à la rencontre des enfants des rues. J'étais ravi : pas d'école, et on me donnait du chocolat et une boisson. Des choses très simples, n'empêche que j'adorais ces moments. J'ai toujours aimé ces expéditions : je me sentais comme un grand qui « sait », qui est passé par là. C'était valorisant ! Et au retour, la sœur ou le père m'appelait pour me féliciter. C'est comme ça que j'ai commencé à me sentir mieux et à apprécier la vie.

Je suis donc très vite devenu un « grand » et de nouveaux enfants arrivaient pour prendre la place du petit nouveau. J'ai fait ce que d'autres avaient fait avec moi : je les faisais marcher ou je me moquais d'eux, mais jamais méchamment.

Dadapir

Je vais à présent vous raconter l'histoire d'un garçon : Dadapir. J'ai eu de nombreux amis dans cette maison, mais lui avait quelque chose de spécial. Il était plus grand que moi, et toujours très soigné. La façon qu'il avait de prendre soin de ses vêtements, sa force, son calme, ça formait un ensemble unique. Bon, ça ne l'empêchait pas de se bagarrer quand il se mettait en colère.

Du coup, c'est vrai que ça a mal commencé ! Un soir, peu après mon arrivée à Snehasadan, j'étais en train de jouer quand il m'a bousculé. Je lui ai dit : « S'il te plaît, ne fais pas ça ! » Il m'a tapé, et vu que je n'étais pas de taille à lui rendre les coups, je l'ai mordu de toutes mes forces. Uncle et Aunty m'ont puni en m'ordonnant de faire le « poulet ». Vous vous demandez sûrement de quoi il s'agit : j'ai dû m'accroupir en passant mes bras sous mes genoux et tenir mes oreilles avec mes mains. J'ai protesté : c'était Dadapir qui m'avait frappé, mais Aunty m'a rétorqué qu'on ne devait jamais mordre, d'où la punition.

J'étais là, accroupi par terre, et j'avais mal aux jambes. Les autres garçons me disaient de me relever, qu'Aunty voulait que je ne fasse ça que deux minutes, mais j'étais à la fois furieux d'avoir été puni et affolé à l'idée de l'être à nouveau, alors je ne les ai pas écoutés et je leur ai crié de s'en aller. Je pleurais de douleur et transpirais à grosses gouttes. Et soudain, Auntie est sortie et s'est exclamée : « Quoi ? Tu es encore là ? Relève-toi vite ! » Quand j'ai voulu le faire, je suis tombé par terre ! Elle a réprimandé les autres de ne pas m'avoir obligé à me relever. Elle se sentait tellement mal qu'elle m'a emmené dans sa chambre où elle m'a donné à manger et m'a parlé très gentiment. À partir de ce jour-là, j'ai été son préféré.

Et Dadapir et moi sommes devenus bons amis. Il me protégeait des autres grands. Il était très gentil et attentionné, me montrait comment être soigneux et plein d'autres choses. Nous partagions la nourriture et échangions nos vêtements. Je l'aimais beaucoup. Je n'oublierai jamais Dadapir.

Lonavala

Et puis nous sommes partis à Lonavala. C'est là que se trouve la maison n° 14 de Snehasadan, dans une région montagneuse à cent kilomètres au sud-est de Bombay. Dadapir et les autres en parlaient tout le temps comme d'un lieu magique, un paradis. J'étais impatient d'y aller, et ce moment a fini par arriver. On est tous partis en car, deux ou trois cars bondés transportant quatre cents garçons et filles qui ont chanté tout le long du trajet. Et comme il y avait cinq ou six heures de route (aujourd'hui il en faut deux), on avait emporté à manger et on a pique-niqué en chemin. Sashi, le chauffeur de l'orphelinat, était là. J'ai une pensée pour cet homme : sans lui, les enfants de Snehasadan n'auraient pas pu se déplacer. Il a consacré sa vie à l'orphelinat. Il est décédé en mai 2012.

Je me souviens de ma première journée là-bas. Partout s'étendait de la verdure, avec des cascades, des fleurs, des oiseaux et une montagne gigantesque. Waouh ! Les garçons qui habitaient sur place étaient partis à Bombay pendant que nous étions à Lonavala. Quel changement ! C'était super. Il y avait un immense terrain et une grande maison entourés de jacquiers, de manguiers et d'anacardiers, de karanda, d'amla et plein d'autres arbres fruitiers.

Derrière la maison se dressait l'impressionnante montagne. Je ne cessais pas de l'admirer en me disant que, un jour, je l'escaladerais.

Dadapir était là, avec d'autres amis que j'avais connus dans la rue. Et puis aussi tous les oncles, les tantes, les Pères et le Frère Molines. Les voir là tous ensemble était fantastique. Le Frère Molines discutait ou jouait avec les enfants, et il n'arrêtait pas de faire des photos avec son appareil. C'est de lui que me viennent toutes les photos que j'ai gardées de mon enfance. C'était un homme merveilleux. Je raconterai plus loin son histoire.

À Lonavala, nous avions plein de choses à faire et d'amis à découvrir. On jouait tous ensemble du matin au soir. La journée se déroulait plus ou moins ainsi : lever à 6 heures, rassemblement pour la prière, petit-déjeuner, et ensuite jeux. Après, on travaillait un moment, à la cuisine ou sur les parterres de fleurs. On passait le balai, on faisait la vaisselle. Il n'y avait pas de « domestiques » : tout faire nous-mêmes nous rendait autonomes. Et pour ma part, je me débrouillais très bien et récoltais les compliments des adultes. Mon sens pratique était mon gros point fort, et j'en étais fier ! À 10 heures, on prenait une boisson fraîche et des *batata wada*. Puis on retournait jouer : football, *langdi*, *kabaddi*, *throwball*, volleyball, cricket. Le foot était déjà mon sport préféré. À 12 h 30, déjeuner. Le Père nous passait ensuite un film ou un dessin animé. À 15 heures, goûter. Puis on repartait jouer, on se promenait ou on bavardait. Et à 20 heures, dîner.

Parfois, les garçons de différentes maisons se bagarraient, puis se réconciliaient. Le Père Placie et le Père Tony étaient là, ainsi que certains des « anciens » élevés à Snehasadan et qui revenaient en famille et nous racontaient leur histoire. En les écoutant, les enfants pensaient : « Un jour, je travaillerai moi aussi, j'aurai une famille et un chez-moi. » Tout ça était très encourageant. Lonavala est devenu un de mes endroits préférés. Ces vacances faisaient partie pour moi des meilleurs moments de l'année.

Mais ce qu'il y avait de mieux à Lonavala, c'était les balades en montagne avec le Père Placie ou le Père Tony. Chaque fois qu'on arrivait en haut d'un sommet, on avait droit à un chocolat. Deux sommets ? Deux chocolats. Il y avait cependant une règle : quand le père décidait qu'il était l'heure de rentrer, il donnait deux coups de sifflet, et tout le monde devait se rassembler. Mais c'était formidable ! Je continue encore aujourd'hui à aller à la montagne, qui reste un de mes endroits favoris.

Nous partions aussi en pique-nique. Le Père Placie demandait à chaque maison de préparer un sketch. Certains duraient trente secondes, d'autres sept ou huit minutes. Il nous proposait à chaque fois un thème différent. On riait, on s'amusait, et les gagnants recevaient un prix. De toute façon, le soir, tout le monde avait une récompense de 10 ou 11 roupies. Le lendemain, on allait s'acheter du *chikki*, la spécialité de Lonavala, une sorte de nougat à base de fruits secs et de sucre de palme. On s'achetait des petits paquets à 3 ou 5 roupies qu'on mangeait en revenant ou qu'on gardait pour le trajet de retour à Bombay en car. On en rapportait aussi à des grands qui n'avaient pas pu venir. J'en achetais pour ma sœur.

Le souvenir que je garde de Lonavala est que, là-bas, tout le monde était heureux, loin de toute souffrance et de toute tristesse. Quand je repense à mon enfance si douloureuse, je revois aussi cette époque, pleine de moments joyeux. Lonavala, c'était ça, une des multiples choses qu'on faisait à Snehasadan comme une grande famille heureuse.

Je ne rentrerai pas avant de t'avoir retrouvé

Mais le moment est venu de vous raconter une nouvelle histoire triste. À Snehasadan, j'étais désormais un « grand ». Auntie m'avait demandé d'apprendre une prière. J'avais dit d'accord, Auntie et Uncle m'avaient laissé du temps, mais je n'ai jamais réussi à la retenir. Dadapir m'entraînait à la réciter à l'heure du déjeuner et du dîner. Mais comme elle était trop longue, je l'oubliais au fur et à mesure.

Le cinéma du quartier ne passait des films que pendant le week-end. En semaine, on restait à la maison regarder les informations à 21 heures, et parfois un dessin animé. Ce soir-là, tout le monde était là, à regarder un film à la télé. Juste avant que ça commence, Auntie m'a prévenu qu'Uncle allait venir me faire réciter la prière. Est-ce que j'étais prêt ? J'avais peur parce qu'il lui arrivait de me remonter très vigoureusement les bretelles, même si en général c'était assez mérité.

N'empêche que, cette fois-là, j'ai eu peur. Mes grosses terreurs d'enfance sont tout d'un coup revenues dans mon esprit et je me suis éclipsé pendant que tout le monde regardait le film. Une fois de plus, je ne savais pas si je devais m'enfuir ou pas. Et finalement, je suis parti.

C'était la saison des pluies, il y avait de l'eau partout. J'ai enlevé mes beaux vêtements et, quasiment nu, je me suis mis à mendier. Revenir à ça n'était pas facile. J'étais à nouveau intimidé, et tout alentour me faisait peur. Je suis retourné dans les endroits où on donnait de la nourriture et de l'argent. J'avais envie de rentrer, mais je redoutais la réaction d'Uncle et d'Auntie. Et puis je savais que les autres me traiteraient une fois de plus de *bhagoda*. *Bhagoda* veut dire à la fois fuyard, à la fois voyou et trouillard, c'est vraiment un terme très négatif. Je ne sais pas si c'était mérité, mais c'est vrai que la vie m'avait rendu impulsif et prêt à m'envoler dès que je me sentais menacé.

Pourtant, tout le monde me manquait : Didi, le Père, mes amis. J'ai passé trois jours à errer en pensant sans arrêt à revenir. Et le troisième soir, eh bien, ce soir-là a transformé ma vie ! S'il n'y avait pas eu ce soir-là cet ange merveilleux de Père Placie, je ne serais pas là pour raconter comment je suis sorti de la rue. Ce qu'on devient de positif tient parfois uniquement au fait que quelqu'un vous a aimé, a pris soin de vous ou a consacré sa vie aux autres en général.

Je mendiais à la gare de Dadar. Il devait être 8 heures du soir et il avait plu. Je traînais à l'intérieur du hall, sans autre vêtement sur moi qu'un slip, mort de honte car j'étais très pudique. Et soudain, un ange à la main douce et chaude a pris la mienne. J'ai levé les yeux et j'ai vu le Père Placie.

Sans un mot, il s'est assis sur les marches, puis il m'a dit gentiment : « Tu sais, Baba, je te cherche depuis trois jours. Et aujourd'hui, avant de partir, j'ai prié et me suis juré que je ne rentrerais pas avant de t'avoir retrouvé. »

Il n'a pas crié, ne m'a pas tapé. Il m'a seulement parlé avec douceur, tendresse et beaucoup de chaleur. Quand il m'a demandé pourquoi j'étais parti, j'ai dit la vérité : que j'avais peur d'Uncle. « Et c'est pour ça que tu t'es enfui ? Écoute, petit, quoi qu'il arrive, tu viens me parler, à moi ou à Didi, mais tu ne t'enfuis plus jamais, promets-le moi. » J'ai promis et je me suis excusé. On a encore discuté quelques minutes, puis il m'a dit qu'on rentrait à la maison.

De retour

Devant la gare, il m'a acheté un tee-shirt et un short. Je me suis accroché derrière lui sur sa moto et on est revenus à la maison n° 1. Le Père a dîné avec tous les enfants avant de repartir chez lui. Pendant trois jours, il m'avait cherché. S'il ne m'avait pas retrouvé ce jour-là, je ne sais pas ce que je serais devenu. Ma vie ne serait pas ce qu'elle est aujourd'hui, et ce livre n'aurait jamais vu le jour. On pourrait sans doute dire que c'était ma destinée. Mais la destinée n'existe pas sans des hommes et des femmes comme cet ange-là qui redonnent la vie à ceux qui sont perdus. Et je ne suis pas le seul dans ce cas, il existe de nombreuses histoires semblables à la mienne.

Le Père Placie a transformé l'existence de nombreux enfants, il leur a consacré sa vie. Chacun d'eux est à présent devenu quelqu'un. Certains sont retournés dans leur famille. Je tiens à le dire, à cause de ce qu'il a fait pour moi et de ce que je ressens pour lui. Il m'a donné la lumière qui m'a indiqué le chemin. J'espère que je serai capable de la transmettre à d'autres à mon tour pour que, un jour, plus personne ne soit sans amour ni attention, sans un foyer.

Toujours est-il que, quand Uncle et Auntie sont venus s'asseoir avec moi et tous les enfants ce soir-là, ils m'ont parlé très calmement. J'avais peur, mais j'ai fini par me tranquiliser moi aussi. Le lendemain matin, je suis allé voir Tina Didi qui m'attendait. Elle m'a fait venir dans son bureau, m'a cajolé et m'a donné l'habituel bonbon. Puis elle m'a demandé avec un sourire pour quelle raison je m'étais enfui. Je lui ai tout raconté. « Mais toi, qui es un si gentil garçon, tu t'enfuis comme ça ? » Je lui ai dit que les autres me traitaient de *bhagoda*. Elle m'a rétorqué que j'allais devoir leur montrer que je n'étais pas un lâche, que je devais rester à la maison et ne plus jamais m'enfuir. S'il y avait le moindre problème, je pouvais leur en parler, au Père ou à elle, mais s'enfuir n'était pas une solution.

Que Didi m'accorde autant d'importance m'a fait du bien. Sa façon de parler avec douceur tout en me souriant, ce bonbon qu'elle m'a donné. En plus, elle m'a proposé de m'apprendre la prière. Et, curieusement, je l'ai apprise en dix minutes. Je lui ai promis que je la réciterais le jour même, après quoi je l'ai remerciée et j'ai filé en classe.

Le soir, en rentrant à la maison, j'ai prévenu Auntie que je dirais la prière après le dîner – j'étais même réjoui à cette idée. Après le repas, tout le monde s'est tourné vers moi. C'était l'heure ! J'ai commencé plutôt bien, mais j'étais d'une telle nervosité que je me suis mis à bafouiller. Uncle a dit que ce n'était pas grave, que je la mémoriserais petit à petit. Sur le moment, je me rappelle avoir encore eu peur, mais, par la suite, quel qu'ait été le problème, je ne me suis plus jamais enfui du foyer.

Ah si, une fois ! Mais je raconterai ça dans un prochain chapitre.

Rêves de foot...

Après la période de remise à niveau par la *didi* de Snehasadan, j'ai dû rejoindre l'école. En classe, Sunil, Motilal et moi étions alors les trois plus âgés. C'était difficile pendant les cours. Parfois les enfants nous chahutaient, et les professeurs en rajoutaient une couche, en se moquant ou en plaisantant sur notre âge avancé pour des élèves du premier degré. Je me sentais souvent mal à l'aise, mais les choses ont fini par s'arranger. Au bout d'un moment, quoi qu'on puisse dire de nous, on est devenus les meilleurs de la classe. Quand le professeur posait une question, on répondait avant tout le monde. On travaillait bien, on rangeait la salle, on punaisait nos peintures sur le mur. Les profs ont donc commencé à nous apprécier, car on participait beaucoup à la vie de l'école.

Et un beau jour, je me suis mis à fantasmer de devenir footballeur professionnel. J'ai dit à Auntie que je voulais acheter des crampons.

« Est-ce que les autres enfants de la maison en ont ?

— Non.

— Alors pourquoi en veux-tu ? »

Je lui ai parlé de mon rêve et je lui ai demandé des crampons, encore et encore. Jusqu'à ce qu'elle se fâche et m'envoie en parler au Père Placie.

Il m'a posé les mêmes questions, et lorsque je lui ai expliqué que je voulais jouer en professionnel, il m'a dit : « Alors il va falloir que tu travailles. » J'ai donc cherché un petit boulot que je pourrais faire avant d'aller à l'école, en réfléchissant à ce dont j'étais capable : laver les voitures, livrer du lait ou des journaux à domicile. Un vendeur de journaux passait tous les jours devant la maison, mais je n'avais jamais discuté avec lui. C'était Arun. Je lui ai demandé s'il n'aurait pas un job pour moi : il a répondu peut-être. J'ai voulu savoir combien de temps il faudrait que je travaille : seulement deux heures. J'ai précisé que je devrais partir à l'école à 7 h 30, et que je n'avais pas l'intention de faire ça très longtemps, que je voulais juste m'acheter des crampons pour jouer dans une équipe de foot. Il ne pouvait pas m'en offrir mais m'a dit qu'il serait content que je travaille avec lui. Il m'a proposé 60 roupies par mois. Ça représentait pas mal d'argent, et j'ai calculé : ça faisait six mois de travail. Les crampons bon marché coûtaient alors environ 300 roupies. Aujourd'hui, 60 roupies ne suffisent même pas à se payer un bon café !

Bref, j'ai commencé à faire ce petit boulot. Non seulement ça m'amusait, mais j'avais l'impression d'être un grand. Je me levais à 5 heures du matin pour aller travailler et je revenais à 7 heures. Je devais livrer le journal à deux cent cinquante personnes. Et comme la plupart des immeubles n'avaient pas l'ascenseur, je n'arrêtais pas de monter et descendre des escaliers en courant. J'étais rapide, et mon chef était satisfait. À tel point qu'il me donnait parfois en plus du salaire 1 ou 2 roupies pour manger quelque chose à l'école. Il m'emmenait aussi le dimanche prendre un petit-déjeuner à l'indienne : *vada paav*, une sorte de burger végétarien épicé au beignet de pomme de terre, *idli sambar*, un gâteau de riz à la vapeur, avec curry de lentilles et du très bon thé.

Je l'appelais Arun Bhai : *bhai* veut dire grand frère. Arun Bhai s'occupait bien de moi. Il lui arrivait d'être furieux à cause d'une chose ou une autre, mais sa colère fondait aussi vite que de la glace qu'on sort d'un réfrigérateur. Il était profondément gentil, et toute sa famille aussi. J'ai fini par bien les connaître. Son père me commandait du thé chaque matin avant que je parte travailler. Bien qu'il ne soit pas fortuné, cet homme avait la richesse du cœur. C'était lui qui faisait vivre tous les siens. Il avait renoncé très jeune à poursuivre ses études pour travailler. Je sais qu'en Inde c'est l'histoire d'une personne sur deux, mais comme c'était Arun Bhai, à mes yeux ça signifiait quelque chose et je sentais combien c'était profondément injuste.

Au bout d'un an à livrer des journaux, je n'avais toujours pas de crampons : je jouais sans. À l'époque, je n'étais pas le seul de la maison n° 1 à travailler. Suresh, un grand garçon mince qui était nouveau à Snehasadan, a commencé à son tour à livrer des journaux. Suresh travaillait pour un autre patron, pas très loin de chez Arun Bhai, mais au moins j'avais de la compagnie quand je me levais le matin. Lui aussi allait ensuite à l'école, mais il était plus âgé que moi et donc dans une classe supérieure.

... et jambe cassée !

À la sortie de l'école, Dadapir, les copains et moi faisions la course, et le premier arrivé avait le droit de servir à manger aux autres, ce qui était une sorte de privilège. La plupart du temps, Dadapir gagnait, mais ça m'arrivait moi aussi de temps en temps.

Un jour, on rentrait à la maison en galopant à toute allure, Dadapir était devant moi. On se faufilait sur la route au milieu de la circulation. J'ai vu les voitures s'arrêter au feu rouge, sans prendre garde qu'il y en avait une qui arrivait à toute berzingue. J'ai seulement entendu un grand BOUM ! La voiture m'a percuté, je suis parti en vol plané. Je me souviens de l'odeur de caoutchouc brûlé des pneus sur le bitume. Plus tard, mes amis sont venus me voir à l'hôpital ; on s'amusait à faire des commentaires sur les autres patients qui étaient avec moi dans la salle commune. On peut dire qu'on mettait de l'animation !

Quand les infirmières me donnaient du yaourt, je leur demandais du sucre. Quand elles me donnaient des fruits, j'en réclamais davantage pour les partager avec Suresh, Dadapir ou Sangeet. Sangeet volait des fruits aux autres patients ou piquait des choses le soir dans leurs tiroirs. Les infirmières étaient en colère. Nous, on trouvait ça drôle et on rigolait, même si j'ai aujourd'hui un peu honte. Pour mes copains, c'était une occasion de faire une escapade hors de la maison… Et de se goinfrer de plein de choses !

Nombre de personnes de Snehasadan qui venaient me voir m'apportaient du chocolat et des fruits. En Inde, surtout à l'époque, le chocolat était un produit de luxe. Le Père Tony et le Frère Molines m'offraient du vrai chocolat – du Cadbury, une marque qu'on adorait, le plus souvent de loin. Je le partageais avec mes amis. La salle commune de l'hôpital formait une sorte de famille très vivante. Comme j'étais le plus jeune, je suis devenu très vite la mascotte du groupe des malades. Des patients me donnaient des fruits. On jouait au cricket avec une petite balle et une batte fabriquée avec quelques-uns de mes jouets. Je ne sais pas ce qui était arrivé à ces patients ni quelle maladie les avait amenés là. Certains étaient en colère, d'autres très durs, mais tous me souriaient et jouaient avec moi. Et même après être rentrés chez eux, ils passaient me voir quand ils revenaient consulter leur médecin.

Deux mois se sont écoulés. Un à un, les patients sont partis, et je me suis retrouvé tout seul dans le dortoir. Ce n'était plus la salle la plus bruyante et la plus joyeuse de l'hôpital, comme dans le passé. Avant, les infirmières venaient nous ordonner de faire moins de bruit, mais il ne venait désormais plus personne ; il n'y avait plus que moi et mes amis de Snehasadan, bien que certaines infirmières venaient parfois jouer avec moi. Puis on m'a changé de chambre, et même les infirmières ont cessé de venir. Les autres patients me manquaient. Ils me manquaient parce qu'ils me donnaient à manger, me caressaient la tête et me parlaient gentiment. Ah, ces longues journées passées à souffrir avec ma jambe cassée ! Pourtant, c'était merveilleux de recevoir de l'amour et de l'attention d'autant de personnes.

J'aime bien repenser à ces épisodes de ma vie pendant lesquels je me suis amusé malgré ce que j'ai enduré après l'accident. Contrairement à la douleur, les sourires et le bon temps qu'on a passé demeurent inoubliables.

Quand je suis rentré à Snehasadan avec mon plâtre, je ne pouvais pas prendre de bain ou aller aux toilettes. Je devais rester couché, et Suresh, Dadapir, Sunil et Chand m'ont beaucoup aidé. Tous les quinze jours, j'allais voir le Dr Antao. Quel médecin formidable ! C'est grâce à lui si aujourd'hui je peux marcher, courir et jouer au football. Merci, Dr Antao ! Si j'existe, c'est grâce à vous.

J'ai une anecdote à raconter à son sujet, mais… je le ferai dans un autre chapitre.

Par la suite, j'ai recommencé à courir, à aller en cours et à faire tout ce que fait un garçon normal, sauf que j'étais un peu lent vu que l'os n'était pas encore complètement consolidé. Adieu, ma glorieuse carrière de footballeur ! À part ça, tout allait bien, que ce soit l'école ou mon boulot de livreur de journaux.

La montre

Mais les moments tristes et moches sont revenus. Un des garçons de ma classe avait une nouvelle montre. J'aurais adoré en porter une, mais c'était un privilège réservé aux plus grands, qui travaillaient à l'extérieur de Snehasadan. Ce garçon avait reçu la sienne de sa famille, qui avait toujours eu de l'argent. Il était mon ami. Il me l'a montrée en me disant que c'était un cadeau de son frère. Je me suis extasié et je l'ai supplié de me la prêter. Il a d'abord refusé, mais j'ai supplié – « Rien qu'une journée » – et j'ai promis que je la lui rendrais le lendemain. J'ai tellement insisté qu'il a fini par céder, puis il a ajouté que c'était uniquement parce que j'étais son ami. Il m'a fait promettre de ne la montrer à personne.

Comme j'avais deux autres bons amis, Sunil et Motilal, je me suis dit que j'allais les laisser la porter une heure chacun, et la garder pour moi le reste de la journée. Je l'ai d'abord prêtée à Sunil, ensuite à Motilal.

La cloche a sonné. Nous avions vingt minutes pour manger et jouer un peu. Motilal était introuvable. On a eu beau le chercher partout, il n'était pas dans la classe, ni dans l'école, ni devant la grille. J'ai commencé à m'angoisser. Je devais rendre la montre le lendemain matin. Qu'allais-je faire ? Je me suis mis à pleurer et j'ai demandé à Sunil de venir avec moi chercher Motilal du côté de la gare. Il avait peur de m'accompagner et a refusé. Il est sorti devant l'école, mais il n'a pas voulu aller plus loin.

J'ai cherché Motilal dans tous les coins que je connaissais : à la gare d'Andheri, dans la rue, au marché. Mais je ne l'ai trouvé nulle part. Ne sachant plus quoi faire, je suis revenu devant la grille avant la fin des cours et j'ai parlé à Dadapir. Il était furieux. « Pourquoi as-tu pris la montre de ce garçon ? Tu ne sais donc pas qu'Uncle et Auntie nous ont toujours dit de ne rien emprunter à personne ? »

On est rentrés à la maison, où tout le monde était déjà au courant que Motilal avait fugué. Et quand Auntie et Uncle nous ont demandé s'il lui était arrivé quelque chose, Sunil et moi avons répondu : « Non, rien. » On savait, mais on n'a rien dit. J'aurais bien voulu avouer à Uncle que Motilal était parti avec la montre, seulement j'avais peur. En même temps, je repensais à ce que m'avaient dit le Père Placie et Didi : ne jamais hésiter à venir leur parler. Cependant, ce n'était pas toujours facile.

On a joué un peu et Dadapir m'a demandé ce que je comptais faire. Je lui ai proposé de retourner chercher Motilal à la gare. Il a d'abord refusé, mais a accepté un peu plus tard en me disant qu'il nous fallait des sous. J'avais économisé 22 roupies et lui aussi avait un peu d'argent. Comme on n'avait pas le droit de sortir le soir, Dadapir a prétexté qu'il avait besoin d'aller aux toilettes et il est sorti le premier. Il a pris sa veste préférée et a sauté par-dessus le mur. Quelques minutes plus tard, je l'ai suivi.

J'étais fou de rage. J'ai dit à Dadapir que, une fois qu'on aurait retrouvé Motilal, je lui flanquerais une telle raclée que plus jamais il ne recommencerait. Je lui avais fait confiance, je lui avais prêté la montre avant même de l'avoir portée, et il m'avait fait ce sale coup ! Par sa faute, on avait dû enfreindre les règles du foyer et filer en douce. Peut-être que quelqu'un là-bas s'inquiétait et nous cherchait. J'ai juré en maudissant Motilal. Dadapir a tempéré : « Attends, trouvons-le d'abord. » Sauf que Bombay est gigantesque et que je n'avais aucune idée d'où le trouver. On est allés dans toutes les gares et dans tous les coins qu'on connaissait, mais on ne l'a vu nulle part. On a finalement pris le dernier train à la gare de Churchgate. Dadapir se postait à une porte, moi de l'autre côté. Sans avoir à descendre du train, on pouvait regarder les quais dans les gares où on passait, mais toujours pas de Motilal.

On est arrivés à Borivali. C'était une froide nuit d'hiver, mais on avait la veste de Dadapir. Voyant que je grelottais, Dadapir a étendu sa veste sur moi. On a dormi là quelques heures et on s'est levés à 5 heures pour aller au Victoria Terminus, la plus grande et la plus anciennes des gares de la ville. On a tourné dans les environs, on a joué un moment au foot, mangé du pain et bu du thé. On a croisé un garçon qui avait vécu dans notre maison et s'était enfui quelques mois plus tôt. Il nous a demandé ce qu'on faisait là en nous prévenant qu'Uncle était venu nous chercher. On était affolés et on ne savait plus quoi faire.

L’ami perdu

J’ai dit à Dadapir qu’on allait rentrer et que je raconterais tout. Il m’a répondu : « Vas-y, Amin. Moi, je ne viens pas. » J’ai pleuré en disant que je ne pouvais pas retourner là-bas sans lui, que j’expliquerais au Père, à Uncle et à Didi que Motilal s’était enfui à cause de moi. Il m’a dit : « Amin, je ne m’étais jamais enfui de Snehasadan. Je ne veux pas y retourner. Mais toi, rentre à la maison. » Dadapir ne voulait pas qu’on le traite de *bhagoda*.

Ça a été dur. Je n’avais aucune envie de rentrer, mais je n’avais pas oublié les recommandations du Père Placie et de Didi : quoi qu’il arrive, ne jamais m’enfuir. Je suis reparti vers la gare, mais tous les trois pas, je revenais en arrière. J’ai finalement sauté dans un train en regardant si Dadapir me suivait. Il ne l’a pas fait.

Dans ma frayeur, je réfléchissais à ce que j’allais inventer. J’aurais pu dire que Dadapir m’avait incité à m’enfuir, seulement c’était un mensonge. Je savais bien que je devrais finir par avouer la vérité : c’était ma faute si Dadapir était parti, et on avait décidé de le faire à cause de Motilal. Encore aujourd’hui, alors que j’écris le nom de Motilal et que je repense à ces moments en me disant que j’ai gâché la vie de Dadapir, j’éprouve un sentiment de tristesse mêlé de colère.

Lorsque j'ai parlé à Auntie et à Uncle, ils m'ont dit de ne pas m'inquiéter, qu'ils parleraient à la famille du garçon à la montre. Uncle m'a accompagné à l'école, et il l'a fait. Tout s'est bien passé, sauf que le garçon n'a plus voulu m'adresser la parole. Ça ne me dérangeait pas. En revanche, mon meilleur ami Dadapir me manquait. Je regrette encore d'avoir demandé cette montre. À cause de cette montre, j'ai perdu mon meilleur ami, un garçon avec qui j'avais vécu des quantités de choses et qui m'avait tant appris. Pendant des années, j'ai espéré le retrouver.

Une grande famille

Dans la maison n° 1, de nouveaux garçons arrivaient régulièrement. Je me souviens des noms de certains : Javed, Amjad, Murugan, Vishwanath, Peter, Sachin, Manimarin, Ismail, Nagraj, Raju, Vijay, Sanjay, Ganesh, Mohammed. Il y en avait d'autres, mais bien que je revoie leur visage, leur nom m'échappe. Le plus jeune de la maison était Vishwanath, et Suresh le plus âgé. Bien entendu, il arrivait aussi qu'on perde quelques garçons. La plupart partaient vers une nouvelle vie, commençaient à travailler à l'extérieur de l'orphelinat ou avaient leur propre maison. Et la vie continuait.

Notre foyer était le plus petit de Snehasadan. On vivait là comme une grande famille en suivant un emploi du temps dans lequel tout était prévu, y compris regarder un film ou jouer au football. On jouait souvent au foot. Les autres maisons avaient de grands terrains. En comparaison, le nôtre était relativement petit. Ce n'en était pas moins notre Terrain de la Coupe du monde. Nous n'avions pas envie de rester à l'intérieur, seulement d'être dehors. Les enfants du voisinage venaient souvent jouer avec nous.

Par ailleurs, nous étions toujours enchantés de nous balader dans le quartier de Kajuwadi. Les gens nous enguirlandaient, mais on ne s'arrêtait pas de jouer. Courir d'un bout à l'autre de la ruelle en jouant à cache-cache nous amusait. Je me souviens que Dadapir et moi allions regarder les avions à l'aéroport, qui n'était pas très loin de Kajuwadi. On louait un vélo pour 1 roupie la demi-heure. Un jour, la police nous a attrapés près de l'aéroport et nous a menacés de nous mettre en prison. Ils nous ont dit qu'on n'avait pas le droit de venir là, à vélo, regarder les avions. On a eu tellement la trouille qu'on a tous les deux fondu en larmes. Plus que de la prison, on avait peur qu'ils nous dénoncent à Auntie et Uncle. Les flics nous disaient : « Continuez à pleurer ! » Ils ont même dégonflé nos pneus. J'ai compris qu'ils n'étaient pas sérieux pour la prison parce qu'ils nous ont finalement laissés partir – et on a été contents de revenir à pied en poussant nos vélos. Quelques jours plus tard, on est revenus voir les avions !

Nous ne pouvions pas louer des vélos tous les jours, nous n'avions pas assez d'argent. Quelquefois, Auntie et Uncle, ou Arun Bhai, nous en donnaient si on avait particulièrement bien travaillé ou si on avait été sages. Avant qu'on parte à l'école, Auntie nous donnait parfois 1 roupie, qui à nos yeux en valait 100 puisqu'elle nous permettait de faire nos escapades à vélo.

Après le dîner, les garçons s'asseyaient tous ensemble et se racontaient leurs rêves : économiser de quoi s'offrir un vélo, acheter un jour une maison ou une voiture, faire ci ou ça, devenir un homme important… C'était le genre de choses qu'on avait dans la tête. Tous les enfants essayaient de surenchérir sur les autres, si bien que ça se terminait parfois en bagarre.

Mais ce n'était pas très grave. Lorsque je repense à cette époque, je trouve que la vie était gaie. On avait toujours du temps pour jouer à toutes sortes de jeux, on en inventait, on rêvait. Aujourd'hui, les enfants me donnent l'impression de ne pas avoir de rêves. Ou peut-être qu'ils en ont mais qu'ils sont différents des nôtres. Les temps changent. En tout cas, nous avions beaucoup de rêves, et nous aimions bien tester les limites, même si on savait que ça pouvait nous retomber dessus.

Puni !

Chaque fois que je sortais avec Auntie, je lui réclamais des chocolats ou des *goli* au caramel, et elle m'en achetait pour l'équivalent de 2 roupies. Cette somme permettait alors d'en avoir dix ou quinze. C'était beaucoup. Ils étaient de toutes les couleurs, et je pouvais en manger des heures d'affilée. Comme Auntie m'aimait bien, elle m'offrait toujours de bonnes choses à manger. Uncle nous grondait ou nous donnait parfois une gifle, mais celui qui la recevait avait de la chance : ça voulait dire qu'il était sûr de recevoir ensuite quelque chose à manger !

Il n'empêche que, une fois, Auntie s'est mise très en colère contre moi. Comme toujours, elle m'avait demandé ce que je voulais manger. Et, comme toujours, j'ai répondu : « Du chocolat. » Je ne sais toujours pas ce qui lui a pris, mais elle est d'un seul coup devenue folle de rage et a envoyé Suresh chercher un kilo de bonbons. Puis elle les a tous mis dans une assiette et m'a forcé à les manger. Vous n'allez pas le croire, mais j'ai englouti le tout en quinze ou vingt minutes ! J'ai mangé sans m'arrêter. Ce qui a fini par me poser quelques problèmes. Les pastilles au caramel doivent être sucées. Quand on les croque, elles se brisent en minuscules éclats pointus, si bien que je me suis cisaillé la langue. J'ai eu mal pendant longtemps. Et Auntie ne m'a plus redonné de bonbons.

Un jour, Suresh et moi avons séché l'école. On est partis loin de la maison sans en avoir l'autorisation, car il fallait toujours demander la permission. La nuit tombait ; il devait être 7 heures du soir. Commençant à m'affoler, j'ai dit à Suresh qu'on devrait rentrer. On a essayé de se faire prendre en stop par des voitures ou des motos, mais personne ne s'est arrêté. Je pleurais, et Suresh s'énervait de me voir pleurer. Il me disait de ne pas m'inquiéter, qu'on serait rentrés à l'heure, et moi je répétais qu'on serait en retard, et qu'Uncle et Auntie allaient nous punir.

Pour finir, un bus est passé. On a sauté dedans et on est arrivés à l'école. À notre grande surprise, on a constaté que les cours n'étaient pas terminés. Il n'était que 16 h 30. Il arrive que le ciel soit trompeur. Suresh et moi évoquons encore cette journée en pensant que c'était fou, mais qu'on s'était bien amusés.

Frère Molines

Je voudrais vous parler du Frère Molines. Un jour, on a décidé qu'on voulait un chien. J'en ai parlé à Auntie et Uncle qui m'ont conseillé d'aller voir le Frère Molines. Il était d'origine espagnole et dirigeait l'École technique de Shilpalaya, où on formait les grands à divers métiers : plomberie, menuiserie, électronique, etc. Il était d'une extrême bonté, toujours plein de douceur et de gentillesse avec les enfants.

À Shilpalaya, ils avaient quatre ou cinq chiens et un chiot. En apprenant qu'on en voulait un, le Frère Molines a souri : « Vous voulez un chiot ? Est-ce que vous vous en occuperez ? » On lui a assuré que oui, alors il nous a donné la petite chienne et on est rentré ravis. Du coup, évidemment, ça a fait plus de travail pour tout le monde. Certains garçons refusaient de nettoyer derrière le chiot. Ils m'appelaient en hurlant après chaque crotte et je devais rappliquer en vitesse. Mais cette petite chienne était superbe et jouer avec elle était très amusant. On l'a appelée Dolly. Tous les gens voulaient l'acheter, mais on n'a jamais accepté : elle était à nous.

Les jours ont passé. Le Frère Molines est venu dîner à la maison. Il était très content de voir que Dolly grandissait bien.

Ce que j'aimais chez lui, c'était ça : il était souriant et parlait à tous les enfants. Il ne se séparait jamais de son appareil et nous prenait tout le temps en photo. À ce moment-là, les appareils photo étaient rare. Les seuls qu'on avait vus étaient ceux du Frère Molines et du mécène de l'orphelinat. De temps en temps, il retournait en Espagne et rapportait un cadeau à chacun des enfants : du chocolat, du vrai ! Ces petites attentions étaient la preuve qu'il tenait à nous, qu'il pensait à nous même lorsqu'il était loin.

Et puis un jour, le Frère Molines est tombé malade et a fait un long séjour à l'hôpital. Il s'est remis, est rentré à la maison, s'est senti mieux pendant un temps, puis il est retombé malade. La dernière fois qu'on l'a vu, c'était peu après Noël. À Snehasadan, Noël était un moment très spécial qu'on attendait avec impatience. Quelques jours après, on fêtait le Family Day, le 28 ou le 29 décembre. Ce jour est la fête des familles, et c'était donc notre fête, à nous qui nous étions trouvé un nouveau foyer. Toutes les maisons de Snehasadan préparaient des petites pièces de théâtre ou des sketchs, et la meilleure recevait un prix. C'était un grand moment auquel tout le monde participait ; qu'on soit grand ou petit, entendre résonner nos voix était une immense joie. Pour chacun d'entre nous, ce jour était l'un des plus beaux de l'année.

Un officiel ou quelqu'un de connu venait à Snehasadan assister à la fête. Cette année-là, le Frère Molines était à l'hôpital. On le savait tous. Cependant, le Père Placie et le Père Tony nous avaient réservé une surprise. Je revois le

Père Placie annoncer sur la scène : « Aujourd'hui, le Frère Molines est venu pour vous voir. C'est lui qui a souhaité être parmi nous en cette journée, pour faire partie de notre famille. » Et le Frère Molines nous a rejoints sur la scène. On s'est tous levés et on l'a applaudi. Il ne pouvait pas parler, mais il avait toujours ce même sourire. Cette image restera gravée dans ma mémoire, c'est la dernière fois que je l'ai vu. Quelques jours plus tard, on a appris que le merveilleux Frère Molines était mort. C'était en 1992.

Tous ces hommes et ces femmes dont je parle dans ces pages ont été les piliers de Snehasadan, sa force et son énergie. Ils avaient un cœur immense et nous ont consacré leur vie, à nous les enfants. Ils vivent dans ma tête et dans mon cœur tous les jours. Ce sont mes héros. Ils me rendent fort et positif : ils font de moi qui je suis aujourd'hui.

Bombay 1992

Et puis ce jour terrible est arrivé, un jour affligeant pour l'ensemble de l'Inde. Je ne me rappelle pas tous les événements survenus dans mon pays, mais je me souviens de Bombay à la fin de l'année 1992 ; la période la plus sombre qu'ait jamais connue la ville. J'ignore ce qu'est la guerre, je ne l'ai jamais vue, mais j'ai toujours pensé que ce qui s'était passé là était pire que la guerre.

Des émeutes ont éclaté entre des hindous et des musulmans. Tout a démarré à cause d'un terrain sacré dans le nord du pays, que réclamaient à la fois les musulmans et les hindous. Mais, à Snehasadan, nous ne savions pas où avaient commencé les incendies ni comment ni pourquoi. On voyait juste des gens courir en s'écriant : « Les musulmans arrivent ! » ou « Les hindous arrivent ! » Notre voisinage se composait à la fois de musulmans et d'hindous…

Nous n'avions pas vraiment idée de ce qui se passait car nous étions très jeunes. Quand on entendait des cris, on fermait les portes. Un soir, vers 21 heures, on venait de finir de dîner. Auntie était assise dehors. Tout était parfaitement normal. En voyant un homme accourir, elle a compris que quelque chose n'allait pas. Elle a fermé la porte, mais l'homme hurlait : « S'il vous plaît, ouvrez-moi, ils vont me brûler, je vous en supplie, ils arrivent, laissez-moi entrer ! » Auntie ne savait pas quoi faire. Et il n'y avait pas de téléphone pour appeler à l'aide.

Qu'est devenu cet homme ? Je me souviens encore de cette soirée où tout le monde s'entre-tuait et où des gens ont été brûlés vifs. J'avais vu pas mal d'horreurs au cinéma, mais, en 1992, je les ai vues dans la réalité. Et je me rappelle cet homme venu frapper à la porte en implorant Auntie. Que lui est-il arrivé ? Je me pose encore la question. Nous avions très peur. Mais on est restés chez nous, armés de battes de cricket, de bâtons. Dehors s'élevaient les voix de centaines de personnes qui incendiaient les maisons et scandaient des slogans. On apercevait les feux et on entendait les cris des gens affolés qui couraient dans tous les sens.

Au bout d'un moment, le calme est revenu, un grand calme, comme s'il n'y avait plus âme qui vive. Tout le quartier était plongé dans le noir.

Et quelques jours plus tard, les musulmans se sont mis à leur tour à courir partout armés de couteaux et de barres de métal en criant des slogans.

Les massacres ont duré plusieurs semaines. Imaginez-nous à Snehasadan, où vivaient des enfants de toutes les religions, et pourtant, personne ne se battait comme ça. On priait ensemble, mangeait ensemble et jouait ensemble, on avait grandi ensemble. Personne ne nous disait jamais qu'on appartenait à une haute caste ou une basse caste, qu'on était hindou, chrétien ou musulman.

Malgré cela, les violences ont eu des répercussions à l'école. Plusieurs enfants ont perdu leur foyer, leur famille. Des familles entières ont disparu. Des enfants ne savaient pas où était leur père. Cette période a été d'une immense tristesse pour tout le monde. J'ai le souvenir d'avoir soudain remarqué la différence alors qu'on jouait tous ensemble à l'école : des enfants disaient du mal des hindous, d'autres des musulmans. Une distance s'était désormais installée entre les uns et les autres.

On a cessé d'aller en cours, et beaucoup d'écoles ont fermé. Pendant un temps, j'ai arrêté de livrer des journaux. Comme Arun Bhai était un hindou du Maharashtra et que moi j'étais musulman, Auntie m'a conseillé de ne plus travailler avec lui. Mais je savais qu'il avait besoin de moi, étant donné que tout le monde lisait le journal pour s'informer sur ce qui se passait à Bombay et ailleurs en Inde. En 1992, ceux qui avaient la télévision n'étaient pas encore très nombreux – dans notre maison, nous avions juste un poste noir et blanc. Les journaux coûtaient alors 2 ou 3 roupies, mais la demande était si forte pendant ces jours-ci qu'Arun Bhai et ses collègues les vendaient 10 roupies ou plus. Les gens attendaient leur journal. Si bien qu'Arun Bhai m'a demandé de revenir travailler.

Je suis allé le rejoindre à 5 heures du matin. Les rues étaient sombres, sinistres et désertées. Les gens avaient peur de sortir de chez eux. Tout Bombay était silencieux. En partant ce matin-là et les suivants, j'ai eu peur. Mais Arun Bhai m'a assuré qu'on veillerait l'un sur l'autre. Si des musulmans venaient, on leur dirait que j'étais musulman, et si c'était des hindous, on dirait qu'on était hindous. Je lui ai alors expliqué qu'on racontait qu'ils vous obligeaient à baisser votre pantalon pour voir si vous étiez musulman et qu'ils sauraient de toute façon. Il m'a dit de ne pas m'inquiéter, qu'il était là avec moi. Il me faisait l'effet d'être un adulte et j'étais un peu rassuré, mais je sais à présent qu'il n'était en fait qu'un grand enfant, et que le danger était réel.

En plus des incendies, je garde le souvenir de la peur qui régnait et de la distance qui s'était installée entre les communautés. Le quartier était scindé, tout le monde vivait séparé. Je ne voyais plus personne là où d'habitude une foule de gens buvaient du thé et lisaient le journal ensemble. Désormais, les musulmans et les hindous restaient chacun de leur côté.

Aimer ou haïr ?

Chez nous, à Snehasadan, nous n'avions pas été élevés dans cette séparation. On ne disait pas qu'on était hindou ou musulman. On savait qu'on ne faisait qu'un. Nous avions en commun l'histoire de nos fugues, mais la religion n'y avait pas de place. Nos familles, si.

À partir ce moment-là, j'ai décidé que je n'avais pas de religion. Pour moi, seules comptaient les personnes. À ma connaissance, aucun dieu n'enseigne aux humains de tuer en son nom. Toutes ces bagarres étaient absurdes. Des gens mouraient pour rien, sans même savoir pourquoi on les tuait. Des hommes perdaient la vie, d'autres leurs rêves, des femmes étaient violées, des enfants brûlés vifs. En une seconde, leurs rêves ou leur vie partaient en fumée. Si les religions ont cet effet, si elles divisent les êtres au lieu de les rapprocher, si elles les poussent à s'infliger de telles horreurs, alors je refuse de croire en quoi que ce soit.

Je me souviens d'une histoire que j'ai entendue étant petit. À moins que je ne l'aie vue dans un film ? Alors qu'Abraham s'apprête à sacrifier son fils pour son Dieu, Celui-ci sauve l'enfant et lui dit : « Toi qui crois en moi, comment peux-tu penser que je permettrais le sacrifice de ton fils ? » Dieu n'est pas cruel.

Ceux qui sont cruels, ce sont les gens qui pensent que s'ils commettent des violences au nom de la religion, ou qu'ils vont au temple ou à la mosquée, ils iront au paradis. J'ai moi le sentiment que, aux yeux de Dieu, quoi qu'on fasse, on marche sur cette terre en étant tous égaux, qu'on soit riche ou pauvre, d'une caste inférieure ou d'une caste supérieure, hindou ou musulman. Il donne la vie, Il ne la prend pas. Mais je ne sais pas où Il est. Je crois seulement qu'il existe quelque chose que j'appelle Dieu, que je ne vois ni au temple, ni à la mosquée, ni nulle part en particulier. Dieu, c'est la terre, c'est notre univers. On a beau ne voir ni son visage ni son corps, je Le vois dans tout ce qui est bien. Si vous faites le bien, Dieu est avec vous. Faites du mal, et vous verrez le mal partout.

Et puis l'année 1992 est passée. Les gens ont fini par comprendre et par guérir ; ils ont recommencé à se mélanger. Et brusquement, un jour de mars 1993, des bombes ont explosé dans plusieurs quartiers de Bombay. La ville est redevenue déserte et silencieuse. Tout le monde avait de nouveau peur. On entendait dire que des musulmans avaient agi ainsi en représailles aux émeutes des mois précédents. Comme ils avaient perdu leurs commerces, leur famille, leurs terres ou leur travail, leur colère s'était abattue comme une tempête, ôtant la vie à des innocents qui marchaient dans la rue, allaient au travail ou vendaient leurs marchandises. Vous imaginez tous ces rêves plongés dans le néant en quelques secondes – BOUM ! Comment peut-on trouver cela juste ? Et comment peut-on imaginer en tirer quoi que ce soit de bon ? Ceux qui avaient subi des pertes n'ont fait que répandre plus encore la destruction, dévaster d'autres existences et anéantir d'autres rêves.

Notre ego est ce qu'il y a de pire dans la nature humaine. Moi-Je et personne d'autre. Pourquoi ? Les autres n'ont-ils pas le droit de vivre autant que moi ?

Je repense à une autre histoire qui nous vient de la mythologie ancienne. Un homme dit à son fils qu'il est Dieu. « Non, tu n'es pas Dieu », dit le fils. Le père insiste et affirme qu'il est Dieu. Mais comme son fils se refuse toujours à l'admettre, l'homme le précipite du haut d'une montagne. Le fils se relève indemne. Est-ce Dieu qui a fait en sorte qu'il ne meure pas ? Furieux, l'homme s'écrie : « Dis que je suis Dieu ! » Le fils refuse encore. Et quand son père lui demande où est Dieu, l'enfant répond qu'Il est partout.

Qui peut décrire Dieu ? Personne. Personne ne détient la vérité. Cette histoire nous enseigne que Dieu se présente sous diverses formes, ni humaine ni animale, mais un mélange de tout.

C'est pour cette raison que je crois qu'il faut avoir du respect envers tout le monde. La chose la plus simple que j'ai apprise de la vie, c'est qu'on doit respecter les autres. Et les laisser vivre comme ils le veulent. On doit faire de bonnes choses. Mieux, je pense que nous n'avons besoin de rien, que sur cette terre il y a tout ce qu'il nous faut, et pour tout le monde. Nul n'a besoin d'être roi ou reine, on est tous égaux. Nous sommes des humains et devons vivre notre vie.

C'est pourquoi ma religion, ce sont les gens. Vivre pour les autres, mourir pour les autres. Tout ce que nous avons, c'est grâce aux autres. Respecter les autres est simple et facile.

Je ne sais pas ce qui a vraiment déclenché ces émeutes. Bien sûr, il y avait ce terrain sacré. Certains y voulaient une mosquée, d'autres y voulaient un temple. Nous sommes tous des humains, et si nous ne parvenons pas à un consensus, le mieux aurait été que le gouvernement réquisitionne ce terrain pour en faire un jardin, où on aurait vu toutes sortes d'arbres, de plantes, d'oiseaux et de papillons. On aurait vu des enfants sourire, jouer et courir ici et là. Au lieu de les massacrer ou de saccager leurs rêves, au lieu de les entendre hurler de terreur, on entendrait le bruit des enfants qui jouent. N'est-ce pas la plus belle chose au monde ?

Ou bien on pourrait construire un hôpital qui serait ouvert à toutes les religions. Je sais cependant qu'on ne le fera pas à cause de cette chose qui s'appelle l'ego. Nous les humains, nous voulons croire que nous sommes uniques, que nous sommes les plus puissants et que notre religion, quelle qu'elle soit, est la meilleure. Que nous sommes les premiers et les autres les derniers. Je pense pourtant qu'un jour le monde se réveillera. Qu'il comprendra qu'on espère tous avoir un foyer et que, riche ou pauvre, on veut vivre en paix. C'est ça qui est important. Vivre sa vie et laisser les autres vivre la leur. Et à défaut de faire le bien, on peut au moins veiller à ne rien faire de mal.

Après ces évènements, il a fallu longtemps avant que revienne le calme et que les gens se mélangent de nouveau. Et s'il est vrai que la haine et les discours n'ont fait que disparaître derrière les murs, je vois dans Bombay une certaine magie. Les habitants possèdent une grande force. Ils se rassemblent. Dans notre désir de vivre, nous sommes tous ensemble. C'est ce qui explique que les gens viennent en nombre proposer leur aide après des catastrophes naturelles, des émeutes ou des attentats à la bombe. Si la ville se rassemble autour de quelque chose, c'est grâce au pouvoir du peuple, pas de la religion. C'est la force de Bombay. Vous pourriez penser que je suis le seul à dire cela. C'est faux. Interrogez n'importe quel habitant de Bombay, il vous dira comme moi.

Dadapir revient !

L'école a repris, mais ce n'était plus pareil. Il a fallu du temps avant que la poussière retombe et que les choses reprennent leur cours normal. Mais les vacances d'été sont arrivées, et on est partis à Lonavala. Je garde un souvenir précis de ce voyage pour la bonne raison que quelqu'un m'a sauvé la vie.

Tous les enfants étaient là, les grands comme les petits. Un jour, on est allés se baigner dans un canal où se déversait l'eau d'un barrage. L'eau, immobile et claire, nous arrivait à hauteur de genou. On voyait le fond. On s'amusait avec des copains qui essayaient de m'attraper quand, d'un seul coup, j'ai disparu. Je suis tombé dans une sorte de trou.

Je ne savais pas nager. En tombant, ma jambe a heurté une barre métallique. J'étais au fond de ce trou tout noir et je paniquais. Mes amis ont crié : « Amin est tombé ! » Alors un garçon a plongé et m'a sorti de l'eau. Il s'appelait Rajesh et habitait dans la maison n° 12. C'est grâce à lui si je suis encore là aujourd'hui.

Depuis, je n'ai jamais pu retourner dans l'eau où que ce soit, qu'elle soit profonde ou pas. Et je ne sais toujours pas nager.

Les temps changent, les gens aussi. Tina Didi a quitté Snehasadan, ainsi que Sœur Séraphine ; plusieurs personnes sont parties, d'autres sont entrées dans notre vie. Je ne m'intéressais plus à l'école. À dire la vérité, je n'étais pas doué pour les études. Je l'étais en revanche pour des tas d'autres choses : pour donner un coup de main à tout instant, faire des courses, aller à la banque, préparer du thé, assister les enseignants pendant les cours… Mes amis et moi étions les chouchous des profs. Ne pas étudier n'était pas très bon pour mon avenir, mais, au moins, je me rendais utile et j'aidais l'école et les enseignants.

Et un beau jour, mon ami Dadapir est apparu derrière la fenêtre de l'école et m'a fait signe. J'étais tellement stupéfait que j'ai juste poussé un cri de joie, et les larmes me sont montées aux yeux. Le professeur m'a demandé ce qui se passait, mais je n'ai rien dit. J'ai juste prétendu devoir aller aux toilettes et suis sorti en courant. J'ai serré Dadapir dans mes bras de toutes mes forces en lui disant à quel point il m'avait manqué. Il y avait tant de choses à se raconter… Comme toujours, il était bien habillé et avait l'air en forme. Il était devenu très grand, quasiment un homme. Je n'étais jamais allé au restaurant, mais, ce jour-là, il m'y a emmené. Il m'a dit qu'il travaillait et étudiait dans un endroit où vivaient d'autres jeunes comme lui, et qu'il était heureux. Il m'a demandé si j'avais besoin d'argent et, bien que j'aie répondu non, il m'a donné 10 roupies.

J'étais très heureux de le revoir et de lui parler. Sa visite était la preuve qu'il tenait à moi et était vraiment mon ami.

Avant qu'il s'en aille, je lui ai dit combien je regrettais qu'il ne soit plus à Snehasadan et lui ai demandé pourquoi il n'y revenait pas. Il m'a répondu qu'il était heureux là où il était. Puis il m'a dit qu'il faudrait que je vienne le voir, et que, si je voulais, il m'emmènerait au cinéma.

Un jour, je suis parti de l'école en catimini pour aller voir Dadapir. Il m'a fait visiter l'établissement où il vivait et m'a présenté les autres enfants. Mais je préférais Snehasadan. Ensuite, il m'a emmené voir un film. J'ai dû partir juste après pour être de retour avant la fin des cours.

Je l'ai encore revu deux ou trois fois, et ensuite plus du tout. J'aimerais beaucoup le retrouver.

La case départ

Arlene Rego est arrivée à Snehasadan pour être notre nouvelle Didi. Je l'ai accompagnée à plusieurs reprises pour lui indiquer où vivaient les enfants des rues. Elle m'a demandé une fois où habitaient mes parents. Je lui ai dit que je ne savais pas. Mais elle était déterminée et m'a proposé un jour qu'on aille chercher ma mère. Au début, je l'ai baladée deci de-là, comme je l'avais fait avec Sœur Séraphine. Mais elle savait très bien que je ne disais pas la vérité. Elle m'a expliqué que c'était important de rester en contact avec sa famille, que ce serait formidable de retrouver ma mère et ma sœur. J'ai eu beau lui dire que je n'en avais pas envie, elle a fini par me convaincre.

Nous nous sommes donc rendus à l'adresse d'où je m'étais enfui. Les gens étaient surpris. Ma mère avait déménagé ailleurs, comme elle le faisait plus ou moins tous les onze mois quand le propriétaire refusait de renouveler son bail. D'ailleurs plusieurs voisins, qui eux aussi vivaient dans des maisons louées et en changeaient souvent, ont dit qu'ils ne la connaissaient pas.

D'autres nous ont conseiller d'aller voir dans un autre quartier. Une fois arrivés, un petit groupe de personnes est venu m'entourer. Un marchand de poisson qui passait par là a vu l'attroupement et a voulu savoir ce qui en était la cause. Les gens lui ont expliqué : ce garçon avait fugué de chez lui et cherchait sa mère. J'étais totalement affolé – je n'avais pas envie de retrouver ma mère, je voulais juste m'en aller. Mais il a dit : « Je ne sais pas si c'est lui, mais je connais une dame qui parle tout le temps de son fils et de sa fille qui se sont enfuis. Elle habite un peu plus loin. »

Arlene Didi l'a prié de nous emmener chez elle. Ma mère était assise devant sa porte en train de trier du riz et a levé les yeux. Arlene Didi lui a demandé si elle savait où était son fils Amin, puis s'est tournée vers moi : « C'est bien ta mère ? » J'ai eu beau la dévisager, je ne l'ai pas reconnue. En dix ans, elle avait changé et grossi, et sans doute avais-je l'air différent moi aussi. Didi lui a dit que j'étais Amin. Ma mère m'a regardé, a posé son assiette et s'est levée. Puis elle m'a serré dans ses bras et s'est mise à crier et à pleurer en m'embrassant partout sur le visage. Ma jeune sœur Sabiya qui était dans la maison est sortie m'embrasser à son tour et s'est exclamée : « Où donc étais-tu, Amin Bhai ? » Ma mère avait des tonnes de questions à nous poser à moi et à Didi. Elle s'est écriée : « Je t'ai cherché partout, même à la prison pour les mineurs ! Je suis même allée à la police et partout, mais je ne t'ai pas trouvé ! »

Elle ignorait que ma sœur était avec moi à Snehasadan, elle a donc voulu savoir où était Sabira. Didi lui a dit de ne pas s'inquiéter, qu'elle aussi vivait avec nous.

Voilà comment Arlene Didi a retrouvé ma mère et ma sœur Sabiya. Vous vous demandez sans doute pourquoi je ne parle pas de mon beau-père. Il n'était pas à la maison. Mais il allait bientôt réapparaître dans mon histoire.

Entre mes deux maisons

Après nos retrouvailles, ma mère est venue au bureau de l'orphelinat. Six mois plus tard, on m'a renvoyé chez moi. Je ne voulais pas, mais les prêtres et Arlene Didi m'ont dit qu'il le fallait, que ma famille avait besoin de moi. Seulement, ils ne connaissaient pas la vérité sur ma famille.

J'avais peur de revenir à la maison, mais je me suis souvenu que je n'étais pas le premier à qui ça arrivait. Un à un, les enfants accueillis à Snehasadan repartaient chez eux. Mon ami Feroze et d'autres avaient réintégré leur famille. Si celle-ci rencontrait des difficultés, Snehasadan les aidait. La mienne vivait dans une location et n'avait pas beaucoup d'argent : mon beau-père ne travaillait que de façon irrégulière. Le Père Placie m'a d'abord renvoyé chez moi deux jours, puis pendant les vacances. Et après les examens, il nous a renvoyés chez nous, ma sœur Sabira et moi. Au début, tout allait bien, mais les choses se sont très vite gâtées. Sabira n'était pas heureuse ; en réalité, elle m'en voulait d'avoir retrouvé notre mère.

« Pourquoi tu l'as retrouvée ? » m'a-t-elle demandé.

« Ce n'est pas moi, c'est Arlene Didi. »

En tout cas, c'est comme ça qu'on s'est retrouvés chez nous. Et ma vie a repris comme auparavant. « Il faut que tu travailles, mon fils », m'a dit ma mère. Elle et mon beau-père m'ont trouvé un emploi à Malad, dans un faubourg qui s'appelle Bombay Talkies, où il y avait des petites entreprises. Celle où je travaillais fabriquait des stylos-billes et me payait 800 roupies par mois pour des journées de travail de douze heures. Je manipulais de l'essence et des produits chimiques à mains nues : elles sont devenues toutes dures et ma peau était tout esquintée. Au bout de deux mois, j'ai quitté mon poste. Je suis allé expliquer la situation au Père Placie. Il a convoqué mon beau-père et ma mère, auxquels il a expliqué que leurs enfants devaient continuer leurs études. Il leur a dit : « Si vous avez besoin d'aide, demandez-nous, mais ne les envoyez pas travailler. »

Snehasadan a versé 60 000 roupies à mon beau-père pour qu'il se paye un auto-rickshaw. Ma mère et lui étaient ravis. Sauf qu'il n'a pas acheté le rickshaw ; il l'avait juste loué en nous faisant croire l'avoir acheté. Pendant un temps, il nous a rapporté des fruits et des bonnes choses. Puis, une fois de plus, la vie est redevenue la même : nous n'avions plus un sou. Mon beau-père n'allait jamais travailler. Il partait et revenait sans qu'on sache ce qu'il faisait. Par la suite, il a été obligé de rendre le rickshaw.

Vers l'indépendance

Et pour la énième fois, j'ai dû chercher du travail. Cette fois, je voulais choisir moi-même. J'ai dit à ma mère que j'allais livrer des journaux. Je suis allé voir Arun Bhai, qui m'a proposé 400 roupies par mois si je travaillais avec lui toute la journée. J'ai accepté et j'ai commencé à temps complet. À force de passer huit heures par jour en sa compagnie, j'ai fini par bien le connaître. Mon boulot me plaisait ; je courais livrer les journaux et parcourais les rues à vélo pour les déposer chez des particuliers ou dans des bureaux. Je terminais vers 17 heures ou 18 heures. Pour rentrer chez moi, je faisais du stop ou je marchais trois quarts d'heure.

J'ai travaillé comme ça pendant deux mois. Après quoi la famille de ma mère m'a trouvé un emploi mieux payé dans une échoppe de jus de canne à sucre, où je suis resté encore deux mois. Six autres mois se sont écoulés avant que mon beau-père décide que Sabira et moi devions arrêter nos études pour gagner davantage. Je lui ai dit : « Non, elle va continuer. » Il l'a battue et, quand je lui ai crié d'arrêter, il m'a frappé moi aussi. J'avais alors seize ou dix-sept ans, je n'étais plus un petit garçon. Je n'ai rien dit, j'ai pris sur moi, et j'ai attendu le matin pour annoncer à ma mère que je ne voulais plus vivre chez elle. Elle m'a tapé à son tour. « Où iras-tu ? Le Père Placie ne te reprendra pas, et pour ton propre bien ! » Je lui ai répondu : « Non, ce n'est pas pour mon bien. » Ça l'a mise dans une telle rage qu'elle m'a frappé de nouveau. Mais j'étais déterminé.

Ce soir-là, Sabira m'a reproché de lui avoir gâché la vie en la ramenant dans notre famille. J'ai compris que je devais faire quelque chose pour elle.

Le lendemain, je me suis levé à 5 heures pour aller chez Arun Bhai, j'ai laissé les journaux sur place et suis allé tout raconter au Père Placie. Je comprenais qu'il ne puisse pas me garder, mais je lui ai demandé de reprendre Sabira. Il a accepté. Elle a été heureuse de retourner à Snehasadan.

Je suis resté chez ma mère, mais je suis retourné à l'école. J'étais à présent en cinquième. Tout le monde sauf moi portait un uniforme, que je ne pouvais pas me payer. L'enseignante, qui connaissait mes problèmes, ne me faisait jamais aucune remarque. Néanmoins, la vie devenait chaque jour plus difficile. Je ne mangeais rien, je buvais seulement du thé au lever, j'allais chez Arun Bhai à 6 heures du matin, je livrais les journaux, après quoi il m'offrait une autre tasse de thé, puis je partais à l'école et retournais ensuite au travail où je buvais une autre tasse de thé. Sur une journée, j'en buvais entre huit et dix tasses, et mon déjeuner et mon dîner se limitaient à du *paav*. Il m'arrivait de manger ce que les enfants apportaient dans leur lunch-box à l'école et voulaient bien partager. À ce moment-là, mes amis étaient

Javed, Murugan et Amjad, qui eux aussi m'apportaient à manger de Snehasadan.

Petit à petit, je me suis éloigné de chez moi, puis j'ai lancé mon affaire de journaux : Amin Newspaper Supply. Bien qu'il soit désolé que je le quitte, Arun Bhai m'a aidé. Je continuais à travailler pour lui le matin, et le soir je travaillais pour moi. J'avais des stands à Andheri, à Ghatkopar, à Kurla, près de l'arrêt du bus, en face de la Gurdwara. J'opérais également à Snehasadan où j'apportais son journal du soir au Père Placie.

Avoir ma propre affaire de vente de journaux avait été mon rêve. J'ai acheté la licence de livraison. J'ai obtenu de plus en plus de titres, que je vendais dans les trains et aux feux rouges. J'allais chercher mes exemplaires à la gare de Dadar, pour les avoir avant tout le monde. Je me suis acheté un vélo d'occasion et, l'après-midi, je livrais les journaux dans plusieurs entreprises. Javed, Murugan ou Amjad me laissaient des choses à manger dans un sac en plastique près d'un arbre, et j'allais déjeuner là. Je dormais dans la rue ou dans la boutique d'Arun Bhai. Pour me laver, j'allais dans les toilettes des entreprises. Certains jours, je passais chez ma mère lui donner de l'argent.

Je commençais à bien me débrouiller. Comme je voulais développer mon business, j'ai proposé à mes clients de me régler plus tard, mais ils étaient nombreux à me mener en bateau et à ne jamais me payer. Néanmoins, ce business me plaisait parce qu'il me donnait l'impression de réussir quelque chose par moi-même : j'étais devenu mon propre patron.

Murugan travaillait parfois pour moi en allant livrer des journaux dans des entreprises. Javed venait tenir mon stand. Je leur commandais du thé ou du *nimbu pani*. Mes amis et moi nous entraidions.

Un jour, Arun Bhai m'a trouvé un autre travail à faire pour une banque. Il s'agissait de collecter de l'argent chez des commerçants et chez des particuliers – un peu comme les journaux, sauf que, là, c'était de l'argent. Je devais circuler à vélo, principalement dans la banlieue d'Andheri, mais aussi dans des quartiers plus éloignés comme Malad et Santacruz.

Le problème, c'était que ce rythme m'épuisait : la livraison des journaux le matin, l'école, de nouveau les journaux l'après-midi et ensuite le travail pour la banque jusqu'à 11 heures du soir. C'était très pénible. Je n'avais ni le temps d'étudier ni de beaucoup dormir, pas grand-chose à manger, même si la boîte de recouvrement de factures m'offrait également des tasses de thé.

Le travail à temps plein

J'ai fini par me désintéresser de l'école et par sécher les cours. Je ne sais comment j'ai réussi à aller jusqu'en cinquième. J'avais beau me dire qu'il fallait que j'étudie, ma vie avait pris une autre voie et travailler me convenait bien mieux. Suresh et des amis qui avaient terminé leurs études étaient entrés dans un institut technique pour apprendre l'électronique, la menuiserie, la plomberie ou un autre métier. De mon côté, j'ai essayé pendant un temps de suivre une formation d'électricien. Le professeur était très dur avec moi et m'humiliait, me traitait d'imbécile. J'ai balancé le manuel et n'ai jamais remis les pieds dans sa classe.

Au bout d'un moment, Suresh s'est mis à travailler. Il m'aidait à livrer les journaux et lavait par ailleurs des voitures. Mais il a vite arrêté. Ce que Suresh voulait par-dessus tout, c'était s'engager dans la Marine. Il est même allé passer un entretien. Il était ravi, et je me souviens qu'on en a longuement parlé. Mais ça s'est terminé de façon très triste. La Marine refusait de l'engager s'il ne fournissait pas un certificat de caste, or il n'en avait pas. Je ne comprends pas pourquoi le gouvernement impose autant de règles et règlements. Toujours est-il que, après cette histoire, il a perdu tout intérêt pour la Marine et a cherché un emploi de chauffeur. Il y avait déjà réfléchi dans le passé et on était allés ensemble à l'école de conduite. Comme il était assez timide, c'est même moi qui ai parlé à sa place ! À l'époque, il voulait avoir le permis, juste au cas où. Du coup, après le refus de la Marine, il était prêt, et le Père Placie lui a indiqué l'adresse de quelqu'un qui cherchait un chauffeur.

À partir de là, notre vie a changé. Suresh et moi avons pris des directions différentes tout en continuant à nous voir. Il était mon meilleur ami, plus qu'un frère, qui me soutenait tout le temps et partout. Un lien très fort nous unissait : lui et moi sommes comme la famille l'un de l'autre, toujours là pour se soutenir.

Je passais à Snehasadan tous les jours. Les nouveaux Uncle et Aunty de la maison n° 1 étaient Vartaraj et Shakuntala, qui avaient tous les deux été élevés à Snehasadan, lui dans la maison n° 1, elle dans la maison n° 9. Ils avaient deux petites filles, Sujata et Deepika. Des nouveaux garçons habitaient dans la maison n° 1, mais Javed et Amjad avaient dû repartir dans leur famille à Hyderabad. Voir partir Javed m'a beaucoup attristé, parce que c'était quelqu'un d'extraordinaire, qui m'avait beaucoup aidé et prouvé qu'il était mon ami.

Un heureux périple

Il faut que je vous raconte une histoire à son sujet. Deux ou trois ans après son départ, j'ai commencé à aider Didi à Snehasadan. Elle et le Père Placie me chargeaient de raccompagner des enfants chez eux et de leur faire ensuite un rapport. Il y avait dans la maison n° 1 un petit garçon que je connaissais depuis un an et dont Didi avait retrouvé la famille. Il venait d'une petite ville du Sud. Je l'ai donc ramené chez lui. La perspective de ce voyage était très agréable, je m'en souviens encore.

Le garçon en question avait un frère et une sœur, ou peut-être étaient-ils trois ou quatre enfants en tout. Une des sœurs qui jouait devant la maison nous a vus approcher. Elle s'est précipitée vers lui et l'a serré dans ses bras en pleurant. Puis sa mère et les gens du village sont arrivés, et c'était comme une grande famille. J'étais heureux de les voir manifester autant d'amour et de chaleur. Certaines personnes qui n'étaient pas de sa famille avaient les larmes aux yeux. Les parents du garçon pleuraient à chaudes larmes et voulaient me toucher les pieds. Très gêné, je leur ai dit que je n'étais pas un dieu, mais c'était des gens très simples qui appartenaient, je crois, à une basse caste. Bien qu'eux-mêmes n'aient pas grand-chose à manger, ils m'ont emmené non loin de là dans un petit hôtel où ils m'ont fait servir un déjeuner. Presque tous les hommes du village m'ont accompagné et ont attendu dehors. Et quand je leur ai proposé de se joindre à moi, ils ont refusé et sont restés là à me regarder comme si j'étais je ne sais quel homme important. J'étais pourtant comme eux ! Après le repas, je leur ai dit que je devais rentrer à Bombay. Personne ne savait où c'était, juste que c'était une ville extrêmement lointaine. Ils n'en revenaient pas que leur fils ait pu aller jusque là-bas.

À la gare, je me suis renseigné sur l'heure du prochain train pour Bombay. Comme il ne partait que le lendemain matin, j'ai demandé s'il n'y avait pas un autre moyen, et on m'a conseillé de prendre un car pour Hyderabad. J'étais stupéfait, je n'imaginais pas que c'était si près. J'ai aussitôt pensé à Javed et à Amjad. Le trajet durait trois ou quatre heures, m'avait-on dit. Dans le car, c'était de la folie. Il était tellement bondé que j'avais l'impression qu'il allait se désintégrer d'une seconde à l'autre ! Et compte tenu de l'allure à laquelle il roulait, je me suis dit que le trajet allait prendre au moins huit heures.

Mais on a finalement rejoint Hyderabad en cinq heures. Je n'avais pas d'adresse, pas de numéro de téléphone, rien. Et la ville d'Hyderabad est immense. J'avais en outre très peu d'argent et devais être de retour à Bombay le lendemain matin. Je ne savais pas quoi faire. Je me rappelais que Javed parlait tout le temps d'un endroit qui s'appelait Purani Haveli ; à part ça, je n'avais aucune information.

En descendant du car dans le centre d'Hyderabad, j'ai demandé où était Purani Haveli. Peu de gens avaient pu me renseigner, mais quelques heures plus tard, j'ai quand même fini par trouver. J'étais fatigué de marcher, mais j'y suis arrivé. Et, croyez-le ou pas, j'ai trouvé le frère de Javed ! Ils se ressemblaient comme deux gouttes d'eau. Il ne savait pas où était Javed. Je l'ai supplié, lui ai expliqué que j'étais venu de Bombay et qu'il fallait absolument que je le voie. Mais il ne voulait rien me dire. Un autre frère, plus âgé, est sorti de la maison et m'a dit d'un ton brusque que Javed n'habitait pas avec eux. « OK, alors pouvez-vous me donner son adresse ou me montrer la route ? » Il m'a indiqué l'adresse mais il a refusé de m'y emmener, il n'avait pas le temps. Je me souviens d'avoir pensé : d'un côté, il y a ceux qui n'ont presque rien et qui donnent tout, de l'autre, ceux qui ne donnent même pas un peu de leur temps. Je suppose que c'est la vie.

J'ai montré l'adresse à un rickshaw qui m'a réclamé 5 roupies. Je lui en ai proposé 2, en lui précisant que je n'avais presque rien. J'avais faim, j'étais furieux et je pestais intérieurement contre le frère de Javed. On s'est arrêté à un endroit où j'ai invité le rickshaw à prendre un thé. À Hyderabad, le thé était si délicieux que j'en ai bu cinq tasses le peu de temps qu'on y est restés. Tout en buvant, on a bavardé. Je lui ai raconté d'où je venais et pourquoi. Il m'a regardé comme si j'étais fou d'être venu d'aussi loin sans même avoir une adresse. Mais quand j'ai déclaré que je ne repartirais pas sans avoir vu Javed, il m'a souri. Lorsqu'il m'a déposé, non seulement il n'a pas accepté mon argent, mais il est descendu de son vélo pour demander avec moi aux gens s'il connaissait Javed. Puis il m'a laissé devant la maison.

J'ai trouvé là Amjad, qui avait beaucoup grandi, et à qui j'ai demandé des nouvelles de son frère. Il m'a dit qu'il travaillait et serait de retour dans une heure. Je suis reparti dans la rue principale boire du thé et, entre-temps, Javed est rentré chez lui. Ses voisins l'ont prévenu qu'un garçon de Bombay était passé le voir. Il s'est aussitôt exclamé « Amin ? » et s'est précipité dans la rue où il m'a aperçu assis devant mon thé. Il a crié mon nom et m'a serré dans ses bras.

Que j'ai réussi à retrouver mon vieil ami sans même connaître son adresse était à peine croyable ! On a parlé toute la nuit. Il m'a raconté que, quand ils étaient revenus chez eux, son père avait une nouvelle femme et n'avait plus de place pour ses deux jeunes fils. Quant à leur mère, elle ne pouvait rien faire pour eux non plus. Javed a tenté de se suicider en avalant du poison, mais un médecin l'a sauvé. Le voisin, un homme sympathique, avait une fille. Il avait proposé à Javed de l'épouser, et c'est elle qui ce soir-là nous a préparé un repas. On a passé un très bon moment. J'ai fait promettre à Javed de renoncer à ses idées de suicide et je lui ai conseillé de se marier, s'il en avait envie : à deux, ils se sentiraient plus forts. On a fini par s'assoupir. Le lendemain matin, j'ai repris le train. Je n'avais plus un sous, mais Javed m'a trouvé un billet. J'étais triste de partir. Je savais néanmoins que, désormais, je pourrais venir revoir mon ami quand je le voudrais. Je savais où il habitait.

Je suis rentré à Snehasadan un jour plus tard que prévu. Quand le Père Placie et Didi m'ont demandé pourquoi, j'ai juste prétendu que la famille du petit garçon n'avait pas voulu me laisser partir.

Javed est aujourd'hui marié à la fille du voisin avec laquelle il a deux fils de sept et huit ans. Je l'ai revu plusieurs fois et il est venu chez moi à Bombay. Il a une affaire et une maison. Après tout ce qui lui est arrivé d'épouvantable, il a fait un sacré bout de chemin. Amjad est lui aussi marié et a quatre enfants.

Voilà quelle est l'histoire de Javed et d'Amjad. Grâce à eux, j'ai appris que, si on fait ce qu'il faut, tout devient possible.

Je suis reparti une ou deux autres fois raccompagner des garçons dans leur famille dans diverses régions de l'Inde. Constater que les choses peuvent changer, et que des familles peuvent se réconcilier, a été pour moi une bonne leçon.

Changer de voies

Ma vie a continué. Je me suis mis à laver des voitures, dix ou quinze par jour. Je le faisais parce que je savais que, comme Suresh, je deviendrai un jour chauffeur. J'adore les voitures. Déjà tout petit, je passais mon temps à les regarder. Sur mon vélo, je m'imaginais conduire ma voiture. Et dès que j'étais dans un car ou une voiture, j'observais le conducteur. Arun Bhai le savait et disait que je roulais sur mon vélo comme si c'était une voiture. Je lui répondais que, un jour, j'en conduirais une vraie.

J'ai revendu mon affaire de journaux, à l'exception de certains stands, pour 5 000 roupies. J'avais envie de changer de vie. Je voulais devenir chauffeur, et il me fallait de l'argent pour obtenir un permis de conduire et des papiers qui me manquaient. J'ai donné les 5 000 roupies à la bonne personne, et j'ai eu un mois plus tard un permis de conduire pour rickshaw, voiture ou moto. Il était inutile que je prenne des leçons…

Il y avait une voiture que je lavais régulièrement. Et tous les jours, j'en profitais pour la faire démarrer. La nuit, à l'insu du propriétaire, je la sortais ou m'amusais simplement à la faire avancer et reculer. Il m'est même arrivé de tomber en panne d'essence – imaginez la panique ! Toutefois, quoi qu'il arrive, je la remettais à sa place. J'ai eu de la veine que personne ne m'ait vu !

Avec mon permis, j'ai commencé à travailler comme chauffeur de rickshaw. Pendant un temps, je passais prendre des enfants que je déposais à l'école, ou je conduisais des gens à Andheri, la banlieue où je vivais et que je connaissais bien. Je me suis rendu compte que ce n'était pas un boulot facile. On gagne de l'argent, seulement il faut payer la location du rickshaw, et puis aussi composer avec la police. S'ils vous arrêtent pour quoi que ce soit, il faut leur verser un pot-de-vin, entre 30 et 50 roupies. Enfin, ça, c'était les prix de l'époque : à présent il ne faut pas moins de 200 roupies, voire 500…

Dans un premier temps, j'avais prévenu Suresh que j'avais un permis de conduire en lui recommandant de n'en parler à personne. Il me l'a promis. Je laissais le Père Placie penser que je continuais à livrer des journaux en travaillant le matin pour Arun Bhai et à mon stand l'après-midi. En réalité, ce n'était pas totalement faux, car Arun Bhai ne pouvait pas se débrouiller sans moi et je travaillais encore en partie pour lui. Il m'envoyait encaisser ses factures parce que je connaissais tous ses clients et qu'ils me connaissaient. Et puis Arun Bhai faisait partie de ma vie. Dans les moments difficiles, il me laissait dormir dans son stand. Il venait me réveiller à 6 heures du matin et on buvait du thé tous les deux. Juste à côté se trouvait une échoppe où on finissait par boire du thé une bonne partie de la journée.

Et puis un beau jour, le Père Placie est venu au stand d'Arun Bhai et m'a demandé de passer le voir le lendemain à son bureau. « D'accord ! » Mais je n'y suis pas allé : je pensais qu'une fois de plus il voudrait me payer pour les journaux. Quand il me convoquait comme ça dans son bureau, je n'y allais donc jamais : je tenais à lui offrir son journal quotidien.

Cette fois-ci, il est revenu le jour suivant et m'a dit : « Amin, je veux te voir, demain, dans mon bureau. » L'air très sérieux, il a ajouté qu'il avait un travail pour moi. J'étais très embêté : je n'avais pas du tout envie d'arrêter ce que je faisais.

Cependant, ma vie allait changer du tout au tout.

Eustace Fernandes

Le lendemain matin, je suis allé à Snehasadan voir le Père Placie qui m'a demandé si j'avais un permis de conduire. Je ne savais pas quoi répondre et j'avais très peur qu'il me reproche mes cachoteries… Je n'avais parlé de mon permis qu'à Suresh et à Arun Bhai, et aux quelques personnes qu'il m'arrivait de conduire et dont je lavais la voiture.

Il m'a expliqué qu'il m'avait trouvé un emploi à Bandra, chez un certain Eustace Fernandes. Cet homme aidait Snehasadan depuis longtemps et il publiait notre bulletin. Suresh m'avait un peu parlé de lui vu qu'il travaillait pour lui depuis deux ans. Mais il avait décidé de quitter son poste.

Le Père m'a dit d'aller à Bandra voir Suresh qui me dirait quand je devrais commencer à travailler. Quand j'ai appelé chez cet Eustace Fernandes, c'est Suresh qui m'a répondu. J'y suis allé le soir même. Je ne savais pas grand-chose sur cet Eustace et je ne connaissais pas Bandra – à part l'église de Mount Mary, où les enfants de Snehasadan se rendaient tous les ans à l'occasion de la Mount Mary Fair. On nous donnait à chacun 10 ou 20 roupies à dépenser, les plus grands recevaient entre 40 et 60 roupies. Et qu'est-ce qu'on s'amusait ! Mais c'était tout ce que je connaissais de Bandra.

Suresh m'a fixé rendez-vous au Mehboob Studio. J'ai pris mon vélo, je suis allé le retrouver là-bas et il m'a emmené chez Eustace Fernandes. L'immeuble s'appelait *Amore*. Eustace habitait dans l'appartement 301.

Jamais de ma vie je n'avais vu un endroit pareil ! L'appartement était rempli d'objets magnifiques, tout était d'une parfaite propreté et on voyait la mer depuis la fenêtre. C'était magnifique ! J'avais quand même un peu d'appréhension et je me sentais nerveux. Suresh m'a expliqué tout ce que j'aurais à faire. Eustace était très impatient que je vienne travailler pour lui. Perspective angoissante pour moi, mais le Père Placie a tellement insisté que je n'ai pas pu refuser. Je lui avais dit que j'allais essayer, mais que je garderais mes quelques stands de journaux dans les rues. J'ai donc été présenté à Eustace. Celui-ci m'a d'abord demandé ce que je faisais. Je le lui ai expliqué, mais il me parlait en anglais et je n'étais pas à l'aise du tout. Il est ensuite passé à l'hindi – qu'il ne maîtrisait pas très bien, par contre –, et je lui ai tout raconté. J'ai ensuite bu un thé dans l'appartement, avec Suresh.

J'étais assez sous le choc de tout ce que je voyais et je me souviens qu'une fois parti, je mesurais encore combien le monde de cet homme était différent de celui d'où je venais. Une fois rentré, j'ai décrit l'appartement à des amis. Ils ne savaient pas du tout de quoi je parlais : l'immeuble ressemblait à ce qu'on ne voyait que dans des films mais pas à quelque chose de très réel. Toute la nuit j'ai repensé à cet homme et à son superbe appartement. J'ai fait part à Suresh de mon inquiétude. Le lendemain, il m'a dit de venir le rejoindre pour m'enseigner les ficelles.

Un nouveau monde

Je me souviens de mon premier jour, le 8 juin 1998. Ce matin-là, Suresh m'a fait visiter l'appartement et m'a montré ce qu'il fallait faire. Si Eustace décidait de sortir, ce serait à moi de prendre le volant. Je lui ai rappelé que je ne connaissais pas les rues de Bandra. Suresh m'a dit qu'Eustace me guiderait. Et que je devrais aider Mary D'Souza, qu'on appelait aussi Auntie, et qui avait travaillé pour Eustace toute sa vie. Elle serait en quelque sorte mon deuxième patron ; il faudrait être gentil avec elle et faire tout ce qu'elle dirait. Si je voulais sortir, je devrais demander l'autorisation à Eustace.

Et j'ai emménagé. Pendant six mois, je suis allé tous les jours faire mon autre boulot, puis j'ai fermé complètement mon affaire de journaux et j'ai arrêté mon travail de recouvrement. Dès lors, ma vie a pris un tour très différent. Suresh est parti, et j'ai commencé à travailler à temps complet pour Eustace et Mary D'Souza.

À peine arrivé, j'avais prévenu Eustace que je ne comptais pas rester longtemps, que mon rêve dans la vie n'était pas de travailler comme domestique dans une maison. Il m'a regardé et m'a dit : « D'accord, reste le temps que tu voudras. »

Au départ, je ne parlais quasiment pas l'anglais. Mon horizon était plutôt étroit. J'ai découvert un monde complètement différent, dans lequel les gens, les plats ou les objets n'avaient rien à voir avec mon ancienne vie. Ce qui me paraissait étonnant n'était pas seulement ce qu'il y avait là – je suis certain que plein de gens ont ces mêmes choses. C'était surtout de découvrir ce mode de vie et d'en faire pour la première fois l'expérience. Eustace avait toutes sortes d'amis qui passaient boire un café ou un thé, ou qui venaient dîner. Les visites se succédaient tout au long de la journée. La maison était très animée.

Eustace était artiste. Il dirigeait sa propre agence de publicité, Radeus Advertising. Je n'avais aucune idée de ce qu'il faisait, mais j'ai compris peu à peu quel était son univers et en quoi consistait son travail. Et j'ai fini par beaucoup aimer être là où j'étais. Je me suis mis à envisager ma vie autrement et me suis rendu compte que je n'avais plus le même état d'esprit qu'avant.

Mary D'Souza

Au fil du temps, Mary et moi sommes devenus très proches. J'ai beaucoup appris d'elle et sur elle. C'était une petite femme robuste qui luttait contre de gros problèmes de diabète. Mary avait quatre enfants : deux filles et deux garçons. Elle et moi passions de longues heures ensemble à cuisiner ou à mettre de l'ordre. Elle m'aimait bien et veillait toujours à ce que j'ai suffisamment mangé. Au bout de quelque temps, elle disait à tout le monde – sa famille, les invités, moi – qu'elle avait cinq enfants. Si elle n'avait pas été présente, j'aurais eu du mal à travailler dans cette maison. Mary avait toutefois un caractère bien trempé. Quand elle élevait le ton, Eustace lui-même ne la ramenait pas ! Mais elle avait bon cœur : quand il lui arrivait de se fâcher contre moi, ça ne durait jamais.

Dans son travail, elle était la vraiment meilleure. Personne de ma connaissance ne fait la cuisine avec autant de rapidité et de facilité. Elle me demandait de couper ceci, de laver cela, et en un clin d'œil un déjeuner ou un dîner était prêt. Souvent, Eustace ne lui disait même pas combien de personnes seraient là ou ne la prévenait qu'une heure avant. Ou bien ses amis passaient bavarder en prenant un café, et d'un seul coup, il demandait à Mary si elle pouvait leur préparer à dîner. Elle répondait toujours : « Oui, Baba. » Et elle servait un repas de roi à une tablée entière. Eustace ne traitait jamais Mary comme une domestique. À ses yeux, elle faisait partie de sa famille. Et il en a été bientôt de même avec moi. Je sais aujourd'hui qu'Eustace a transformé ma vie entière. C'est l'un des meilleurs hommes que j'aie connus et je lui dois ce que je suis aujourd'hui.

Vendredi et Robinson

Il n'empêche que, au début, c'était un peu difficile. Lorsque ses amis et sa famille venaient à la maison, il leur disait : « C'est mon nouveau Vendredi. » J'avais beau ne pas comprendre ce qu'il voulait dire, ça ne me dérangeait pas. Puis il a décidé qu'il fallait que j'apprenne l'anglais et m'engueulait parfois devant ses invités. J'étais alors à la fois triste et agacé. Je savais que je n'étais pas bon en anglais, et peut-être pas très efficace dans mon travail, mais je me décarcassais de mon mieux pour lui et ses invités. Et malgré cela, il y avait des moments où il m'obligeait à me souvenir d'où je venais.

Les premiers jours, la situation n'était donc pas du tout facile. Je me suis dit que c'était peut-être pour cette raison que Suresh était parti. Le Père Placie passait régulièrement voir comment j'allais, mais je ne lui ai jamais fait part de mes craintes ni de mes déceptions. Je lui ai toujours affirmé que j'étais content, même quand il m'arrivait de ne pas l'être du tout.

Un soir où des invités sont venus dîner, j'ai commis une erreur – je crois que j'avais oublié une cuiller ou une fourchette, ou que je ne l'avais pas placée comme il faut sur la table. Eustace a crié : « Combien de fois faudra-t-il que je te montre comment on dresse une table ? » J'ai failli lui rétorquer que, à Snehasadan, on n'avait jamais eu de table ni de fourchette, qu'on vivait de façon très modeste. Mais je ne pouvais pas lui répondre sur ce ton. Alors je suis parti pleurer dans la cuisine. Mary Aunty m'a demandé ce que j'avais. Je lui ai confié que je ne voulais pas rester, que j'allais m'en aller.

Mary a fait venir Eustace dans la cuisine et, à ma grande surprise, elle s'est mise à le sermonner. Après avoir travaillé plus de trente-deux ans pour lui, elle le connaissait mieux que n'importe qui. Ce soir-là, j'ai voulu déballer tout ce que j'avais sur le cœur, expliquer à Eustace pourquoi j'étais triste et mécontent. J'étais là depuis six mois. Après le départ des invités, j'ai demandé à lui parler.

Il m'a dit : « Je suis désolé pour ce soir. »

J'ai répondu : « Non, monsieur » – il voulait que je l'appelle par son prénom, mais je l'appelais toujours monsieur – « c'est moi qui suis désolé, mais je voulais vous avertir que j'allais quitter cet emploi et votre maison. Pouvez-vous demander au Père Placie d'envoyer quelqu'un pour me remplacer ? Je sais que je fais de mon mieux, seulement votre monde est très différent de tout ce que je connais. J'essaie d'apprendre, de me comporter et d'agir comme vous me l'avez appris, mais je n'arrive qu'à vous décevoir et à vous mettre en colère. Et ça m'affecte moi aussi. Je ne veux pas vous fâcher. Si vous demandez au Père Placie d'envoyer quelqu'un d'autre, je partirai et reprendrai mon affaire de journaux ou mon travail d'encaissement. »

Comme un père

Ce soir-là, quelque chose entre lui et moi a changé. C'était la première fois que je me suis senti vraiment pris au sérieux et écouté par un adulte. Il m'a dit : « C'est bon, Amin. Je vais te montrer ce qu'il faut que tu saches. Tout le monde a besoin de temps pour apprendre, et je sais que ce monde est tout nouveau pour toi. » J'avais pensé annoncer au Père Placie que je ne voulais plus travailler ici, mais en voyant Eustace aussi patient et bienveillant, alors que n'importe quel autre patron m'aurait mis à la porte pour avoir parlé si librement, j'ai décidé de rester.

Encore aujourd'hui, lorsque je me retourne sur ma vie, je repense à cette soirée. Je n'ai plus quitté l'appartement d'Eustace, et j'ai continué à travailler et à vivre avec lui. Il m'a beaucoup appris sur les gens qu'il fréquentait. Eustace était quelqu'un de bon, qui ne disait jamais non à personne. Sa maison était donc toujours ouverte. Je rencontrais sans arrêt des nouvelles personnes. Nombre de ses amis venaient d'autres régions du monde : Barcelone ou d'autres villes d'Espagne, Londres, les États-Unis, le Canada. Chaque fois qu'ils étaient à Bombay, ils lui rendaient visite ou séjournaient chez lui.

Eustace adorait la musique, le théâtre, le cinéma et les fêtes. Je l'appelais parfois « Party Man ». Si c'était le mariage, l'anniversaire ou un jour important pour quelqu'un, il l'appelait de bon matin pour lui souhaiter une belle journée. Puis il m'envoyait porter une carte rédigée de sa main. Je me rappelle combien ils étaient heureux au moment où ils ouvraient l'enveloppe : ils en avaient les larmes aux yeux et lui téléphonaient aussitôt, puis lui parlaient pendant des heures. Au début, je ne comprenais pas pourquoi ils étaient aussi heureux. Mais le temps passant, j'ai grandi et j'ai appris.

C'était ce qu'il y avait de bien chez Eustace : cette façon qu'il avait d'ouvrir aux autres sa maison et son cœur. Il a d'ailleurs fait énormément pour Snehasadan et d'autres ONG, pour des écoles et des églises. Si quelqu'un venait réclamer son appui, il était toujours d'accord, et souvent l'affaire était réglée avant même qu'ils aient fini de formuler la demande. Et les gens qui le sollicitaient ne repartaient jamais sans avoir le sourire ; ils étaient invariablement satisfaits. Tous se souviennent de lui et ne pourront jamais l'oublier.

À vrai dire, tout ce que je pourrais dire d'Eustace serait insuffisant. Vous pensez sans doute que je ne suis pas objectif, que je dis ça parce que j'ai longtemps vécu près de lui. Mais pas du tout. Je ne suis pas le seul à parler de lui en ces termes. Tous ceux pour qui il a travaillé et qu'il a aidés savent de quoi je parle. Une autre chose me plaisait : presque tous les ans, il formait un garçon de Snehasadan avant qu'il entre dans le monde, prêt pour une nouvelle vie. Il est vrai que moi, je suis resté plus longtemps, pendant douze ans – ce qui représente un grand pan de ma vie, quasiment la moitié, au moment où j'écris ces lignes. Venir chez Eustace, à *Amore*, a réellement transformé ma vie de A à Z.

Le quatrième étage

J'aurais mille histoires à raconter au sujet d'Eustace. Mais il faut que je vous parle des personnes qui vivent dans son immeuble. Ils forment une famille : Dilip et Vibha D'Souza habitent au quatrième étage et toute la famille est… disons que, sans eux, *Amore* ne serait pas *Amore* !

Au début, Dilip et Vibha n'étaient pas très proches de moi, mais on a fini par le devenir vraiment : maintenant, c'est comme si on faisait partie de la même famille. J'appelle Vibha *Didi*. Ils sont toujours là pour moi comme le serait des parents liés par le sang. Si je me suis tant rapproché des D'Souza, c'est grâce à leur fils, Sahir. Sahir, je le surnomme « Bugu Boy » : petit bonhomme, et lui m'appelle « Dada », grand frère. Il est né le 4 juin 1999. Quand il était petit, je le prenais dans mes bras et je jouais avec lui, je passais le voir tous les jours.

Dès que j'arrivais à la porte de leur appartement, Vibha Didi disait : « Sahir, regarde qui est là ? C'est Amin Dada ! » Et il se jetait dans mes bras en me faisant un grand sourire. Quand il a été un peu plus âgé, nous avons beaucoup passé de temps ensemble. Je l'emmenais sur ma moto et je plaisantais en disant qu'on partait à Londres, au pôle Nord ou ce qui me passait par la tête. Je ne connaissais alors pas grand-chose des pays du monde, mais je prononçais le premier nom qui me traversait l'esprit, et Sahir me croyait. Parfois c'était lui qui proposait une destination lointaine avant qu'on monte sur la moto, je disais : « D'accord, on y va ! » Et en route ! Mais mon cher Sahir ne savait pas qu'on se contentait de tourner dans Bandra autour de la maison. À présent, c'est lui qui me parle du monde et de ce qui s'y passe. C'est l'un des garçons les plus intelligents que j'aie jamais rencontré. C'est lui qui m'a encouragé à écrire mon autobiographie. Il m'a dit : « Ou, si tu veux, je l'écrirai avec toi. »

C'est mon Bugu Boy, qui me lit tout le temps de belles histoires et m'explique tout si bien, toujours avec calme. J'aime l'écouter parler d'un livre ou raconter une histoire. Je n'ai jamais aimé lire. Mais Sahir a ce don magique de lire, d'écrire ou d'expliquer mieux que n'importe qui à son âge.

Je suis très fier de les avoir tous dans ma vie. Et j'ai beau parler d'eux souvent, ça ne me suffit jamais !

Voir le monde autrement

Le temps a passé. J'ai rencontré des gens dans ma nouvelle vie, et Eustace est devenu de plus en plus gentil avec moi. Je n'avais plus envie de partir de chez lui ou d'*Amore*. Un jour, sa sœur est venue le voir de Barcelone. Comme elle ne faisait le voyage que tous les deux ou trois ans, c'était la première fois que je la voyais. Eustace était très heureux, et rencontrer sa famille était encore quelque chose de nouveau pour moi. Je me souviens qu'il lui parlait tous les jours au téléphone, même lorsqu'elle était à Barcelone. Je les ai promenés elle et son mari dans toute la ville, les ai emmenés chez des amis et des membres de la famille. J'ai fini par bien les connaître, ainsi que le reste de la famille d'Eustace qui vivait à Bombay, à Barcelone et à Goa.

Une autre fois, un homme est venu rendre visite à Eustace et m'a demandé un café. Je lui en ai apporté une tasse et l'ai regardé en disant : « Je vous ai déjà vu quelque part, mais je ne sais plus où. » Eustace s'est exclamé : « Qui ne connaît pas le grand Dr Antao ! » Je lui ai dit que j'étais Amin, de Snehasadan, et lui ai demandé s'il se souvenait que le Père Placie m'avait amené chez lui après mon accident. Et j'ai ajouté que si je pouvais marcher et courir, c'était grâce à lui. Je l'ai remercié et il a souri. Encore un homme que je n'oublierai jamais. La vie est magique : on croit avoir perdu quelqu'un et on le retrouve de la façon la plus inattendue. J'ai l'impression d'avoir vécu une quantité de moments fantastiques dans ce genre.

Vers cette époque, j'ai commencé à m'occuper aussi de ma mère et de ma sœur. Mon beau-père, qui ne travaillait pas, s'est même mis à me réclamer de l'argent. J'ai à ce moment-là conseillé à ma mère de le quitter. Après tout, ma vie changeait, et Sabira faisait de bonnes études à Snehasadan. Les choses s'amélioraient et elle ne dépendait plus de lui. En 2000, j'ai pu louer une maison pour ma mère à Malad. Ce n'était pas extraordinaire, mais elle était contente. Ma mère n'avait jamais eu de poste de télévision ni de cuisinière à gaz. Elle allumait le feu avec du pétrole ou du petit bois. Ces choses-là aussi ont changé. Quand on y travaille, la vie et les rêves vont de pair. Quant à moi, j'étais heureux chez Eustace. Je commençais à découvrir la vie sous différentes facettes et à réaliser mes rêves : un par un, et de plus en plus.

Sureh se marie !

Suresh et moi avons décidé d'acheter une maison dans un bidonville à Amboli. On n'avait pas beaucoup d'argent, et auncun moyen de savoir si le titre de propriété qu'on nous vendait était en règle ou pas. Mais, bien que la maison soit petite, on était tous les deux contents. On l'a achetée en pensant qu'on verrait bien où la vie nous mènerait. Suresh y a habité à partir du 1er janvier 2000, le jour de son anniversaire.

Il avait une petite amie, Banu, qui avait grandi dans la maison n° 9 à Snehasadan et qu'il désirait épouser. Ils se sont mariés le 18 avril 2002. Je m'en souviens très bien, ce fut un grand moment pour nous tous ! Suresh est comme un frère. Alors que les mariages sont habituellement payés par les familles, nous devions tout organiser nous-mêmes, et faire en sorte que ce soit le mieux possible, sans engager de dépenses inutiles. De toute façon, Suresh est très prudent en matière d'argent : il ne le dépense jamais pour rien. Il n'en avait pas beaucoup et Banu non plus.

La veille du mariage, on lui a fait le rituel du *haldi* selon la coutume hindoue. Il voulait une cérémonie à la fois hindoue et catholique. Eustace a dessiné le faire-part de mariage. Son frère et sa belle-sœur ont servi de parrain et de marraine à Suresh. Le mariage a rassemblé la vraie famille de

Sureh et Banu : tous les enfants de la maison n° 1 et ceux de la maison n° 9, Aunty, Uncle et les prêtres… On a passé un moment merveilleux.

Suresh a accepté que je soie son photographe, son DJ et son chauffeur. Et aussi son témoin ! J'ai pris toutes les photos, mis de la musique comme un vrai DJ et transporté tout le monde dans ma voiture. Je me rappelle m'être réveillé à 5 heures du matin pour aller chercher des fleurs au marché de Dadar. C'était incroyable ! Le mariage hindou a été célébré le matin dans la maison n° 9, et le mariage catholique le soir dans le bureau principal. Il y avait entre 250 et 300 invités, et on a dépensé seulement 25 000 roupies en tout. Ces moments ont été magiques. Un mariage parfait.

Peu de temps après, on a reçu un appel du Père Placie. Il avait des télévisions à vendre qu'on pouvait avoir à moitié prix. Suresh en a acheté deux avec une partie de l'argent qu'il avait reçu en cadeau de mariage. Il en a gardé une et a donné l'autre à ma mère. Elle n'avait jamais eu de télévision de sa vie et allait toujours la regarder chez les autres. Aujourd'hui, elle a toujours cette télévision. Elle en prend le plus grand soin.

Par la suite, je lui ai offert une gazinière afin de lui éviter de se servir de pétrole pour faire la cuisine. Débarrassée de ce sale type qu'était mon beau-père, ma famille a progressivement connu une vie meilleure. Ma mère habitait encore une maison de location, mais dans un meilleur quartier. Elle était heureuse, et moi plus encore de sentir que j'étais un adulte qui veille sur les siens.

Sneha travels

Une fois ma mère bien installée, il était temps de réaliser un autre de mes rêves. Un rêve que je caressais depuis quatre ans. J'ai annoncé un jour à Eustace que je voulais ouvrir Sneha Travels, un service de taxis pour les touristes. Il m'a demandé comment je comptais commencer et j'ai répondu que j'allais acheter une voiture.

J'ai contacté je ne sais combien de banques, mais aucune n'acceptait de m'accorder un prêt étant donné que je n'offrais pas de garanties. Je suis revenu réclamer de l'aide à Eustace, qui a d'abord refusé. J'ai dû lui expliquer mon projet : je vivais bien, en travaillant pour lui, mais comment est-ce que je me débrouillerais une fois qu'il serait parti ? Et je lui ai demandé combien de temps je devrais travailler chez lui avant de pouvoir me payer une voiture… Si je ne recevais pas un coup de main ou deux, il allait falloir que j'attende encore longtemps avant de réaliser mon rêve !

À l'époque, je servais aussi de chauffeur à un de ses amis qui m'a donné une certaine somme d'argent. Une autre amie d'Eustace, Sara D'Mello, dirigeait une ONG dont il dessinait tous les logos : le Commited Communities Development Trust, qui s'occupe entre autres des enfants malades des bidonvilles de Bombay. Cette femme, pour qui je travaillais de temps à autre, m'a elle proposé sa vieille voiture, qui n'était plus en très bon état. Comme j'avais un peu d'argent d'Eustace et de son ami, je l'ai réparée, tant et si bien qu'on aurait dit qu'elle était neuve.

Et le 17 mars 2002, j'ai lancé la Sneha Travels Tourist Company. Eustace a dessiné le logo et a voulu savoir pourquoi j'avais choisi ce nom. « Parce que Snehasadan veut dire “maison de l'amour”, monsieur. Et que c'est là que tous mes rêves ont pris forme, y compris mon rêve de voyager à travers le monde. » Je trouvais que ça convenait bien. *Sneha Travels aime vous conduire en tout confort* – c'est le slogan qu'Eustace a imaginé. Et il a également conçu un site Internet : www.snehatravels.in

Mon premier client a été un ami de notre voisine Vibha Didi. Sont venus ensuite Eli et Bobby Lopez, des États-Unis, qui sont devenus comme des amis de toujours. À mesure que se sont multipliés les clients, j'ai pris confiance dans la vie.

Le cadeau de Noël

Et en 2002, la veille de Noël, Eustace m'a demandé ce que je désirais comme cadeau. Je lui ai d'abord dit que je ne voulais rien. Il ne s'est pas contenté de ma réponse et a insisté pour m'offrir quelque chose. « Tu m'as donné tant de choses dans ma vie », m'a-t-il dit. Il m'a prié d'y réfléchir et que la nuit me porterait conseil. Le soir même, peu après minuit, il m'a reposé la même question quand je lui ai souhaité un joyeux Noël Et là j'ai su répondre : aller en Espagne, à Barcelone.

Tous les deux ans, Eustace allait là-bas voir sa sœur et ses amis. Et quand ces derniers venaient à Bombay, ils séjournaient chez lui. J'avais ainsi pu faire la connaissance de ses amis, qui étaient devenus aussi les miens. Ce sont ainsi de jeunes Barcelonais qui m'ont appris à parler l'anglais et initié à l'informatique. Barcelone avait donc une place singulière dans mon cœur.

Lorsque j'ai annoncé à Eustace que j'aimerais aller là-bas, il a rétorqué : « Tu es fou, je ne peux pas faire ça ! » Mais j'ai toujours pensé que tout était possible si on le voulait vraiment. Je lui ai expliqué que je m'étais rendu à l'aéroport des dizaines de fois sans jamais y être entré et que je n'avais jamais pris l'avion. C'était mon rêve, et il pouvait le réaliser.

C'était ça, le cadeau qu'il pourrait m'offrir à Noël. Il a eu l'air contrarié et agacé, comme si ça le dérangeait…

Je suis parti me coucher, mais je me suis relevé et suis allé jeter un œil dans sa chambre pour voir s'il dormait. Il m'a aperçu et m'a dit qu'il cogitait. Je me suis excusé, prenant conscience que je lui avais trop demandé, et je l'ai prié d'oublier cette histoire. D'une voix très posée et très douce, il m'a répondu : « Amin, ce n'est pas que c'est trop. Je réfléchis à comment faire pour que ton rêve se réalise. » Il m'a de nouveau souhaité un joyeux Noël et m'a conseillé de prier pour que mon rêve devienne réalité.

Et au matin, mon cadeau de Noël m'attendait. Une carte qui disait : « Joyeux Noël, Amin ! On part à Barcelone ! Je te souhaite des quantités de voyages. Ce n'est qu'un début. »

J'en suis resté bouche bée, stupéfait, sourd et muet. À part « Merci, monsieur ! », je n'ai pas trouvé quoi dire. Puis il m'a serré dans ses bras et m'a dit : « Amin, je veux te voir voler. Tu as fait un long chemin, et il te reste encore un long chemin à parcourir. »

Obtenir un visa a été compliqué. Mais grâce à l'AFEA, les sponsors français de Snehasadan, j'ai fini par l'avoir. Merci aux membres de l'AFEA, si je suis ce que je suis, c'est aussi grâce à vous.

Découvrir Barcelone

Le 27 avril 2003, me voilà donc à l'aéroport de Bombay avec Eustace et le Père Rebes. Nous allions prendre l'avion pour Barcelone, et j'étais nerveux et paniqué. Je ne savais pas comment se passeraient les choses à l'aéroport. Le douanier me laisserait-il partir ? Toutes sortes d'idées folles se bousculaient dans ma tête à chaque étape. Je me revois tout tremblant au contrôle des passeports et des billets. On est passés ! Puis ça a été le passage de nos affaires dans la machine à scanner les bagages.

On s'est ensuite présentés au comptoir d'enregistrement. Comme je ne parlais pas très bien l'anglais, j'étais angoissé, mais je me suis débrouillé. Je me souviens qu'Eustace était nerveux lui aussi et me gardait à l'œil. J'ai demandé à l'employé si je pouvais avoir un siège près d'un hublot, vu que c'était la première fois que je prenais l'avion. Toute la procédure s'est déroulée en fait sans problème… J'étais tellement excité que j'ai encore du mal à décrire ce que je ressentais.

Finalement, on s'est installés à bord. L'avion a fait rugir ses moteurs avant le décollage et la piste a commencé à défiler. J'ai poussé un cri de joie ! C'était la première fois que je voyais Bombay du ciel. Un rêve magique. Les lumières ressemblaient à des petites étoiles. Mais, dans l'avion, ce n'était pas un rêve, c'était bien la réalité. Je n'arrêtais pas de dire à Eustace : « Regardez, monsieur, regardez là-bas ! » On ne voyait qu'une étendue d'eau au clair de lune. Le ciel était splendide. On apercevait une ville de temps en temps, mais on voyait surtout des lumières et des bateaux dans le lointain. Je n'ai pas dormi du tout. Je continuais à dire à Eustace de regarder par le hublot. Il me répondait : « C'est bon, Amin, regarde et profite de la vue. »

Au matin, j'ai aperçu de hautes montagnes au sommet enneigé. Voir la neige et était un autre de mes rêves. La toucher attendrait un peu ! L'avion a atterri à Milan. L'aéroport était très différent de celui de Bombay. Tout était propre, chaque chose à sa place, rien en désordre. Les gens avaient un air très sérieux et étaient bien habillés. À chaque instant, je m'émerveillais, sans voix. Comment l'exprimer ? Ce moment, ce que j'éprouvais au fond de moi, était au-delà des mots.

De là, on a pris un autre vol à destination de Barcelone. La sœur d'Eustace et son mari sont venus nous chercher. Je n'arrêtais pas de regarder les rues, les bâtiments et les voitures. La mer était très bleue, pas comme à Bombay où elle est souvent grise ou noire. Et Barcelone n'avait rien à voir avec Milan. Tout était en ordre là aussi, mais il y avait du bruit, les passants souriaient et parlaient fort. Barcelone m'a paru plus vivante, j'y ai ressenti plus d'énergie positive. Sans doute était-ce mon imagination, d'autant plus que c'était une ville dont j'avais rêvé et n'avait vu que sur des cartes postales ou dans des livres. Je me suis retrouvé d'un seul coup dans la ville de mes rêves !

Je me sentais le plus heureux de la terre. En vingt-quatre heures, plein de choses avaient une fois de plus changé. Mon état d'esprit, mes sentiments. J'étais dans un autre monde, un monde que je n'avais vu qu'en rêve, que je n'avais fait qu'imaginer. Grâce à Eustace, je n'étais plus à Bombay ou en Inde, j'étais ici à Barcelone. Sans lui, je n'aurais jamais su à quoi ressemblait le monde. C'est l'un des plus beaux cadeaux qu'on m'ait jamais fait.

Je suis resté à Barcelone un mois et demi. Il y avait tellement de choses à voir, des choses que je n'avais jamais vues… Eustace, sa sœur et son mari m'ont guidé. Il ne faut pas que j'oublie les amis qui m'ont promené dans toute la ville. C'était un monde très différent du mien : ne pas voir de mendiants ou de gens dormir dans les rues m'a étonné. Il y avait des pauvres, mais pas autant qu'à Bombay.

De sombres nuages

Quelques jours avant qu'on reparte, il est arrivé quelque chose de triste : Eustace a fait une crise cardiaque et a dû être hospitalisé. Comme mon visa allait expirer, j'ai dû rentrer quand même, seul. Juste avant de partir, je me suis précipité à Santa Maria del Mar, une église très ancienne. J'ai allumé un cierge, puis je suis passé voir Eustace à l'hôpital. Le lendemain matin, j'ai repris l'avion pour Bombay et suis rentré sans lui à *Amore*. Mary, bien que très triste elle aussi, était contente pour moi – et aussi un peu jalouse, vu qu'aucun des garçons qui avait travaillé chez Eustace n'avait fait un tel voyage en sa compagnie. Mais, quelquefois, il vaut mieux ne pas faire de comparaisons. Dans la vie, tout dépend de comment on décide de prendre les choses et, plus important, comment on se comporte avec les autres.

Je suis monté voir Vibha, Dilip et Bugu Boy. Sahir devenait un grand garçon et, à mon retour de Barcelone, il m'a paru avoir encore grandi. J'avais des milliers de choses à leur raconter. J'avais beau être désolé pour Eustace, j'étais heureux de leur faire partager mon voyage. Et puis, chez eux, c'était comme mon second chez moi. Il n'empêche qu'Eustace me manquait. On s'est parlé au téléphone tous les jours pendant trois semaines.

Finalement, il est revenu de Barcelone avec une bande d'amis.

Je me souviens du soir de son arrivée. On a discuté toute la soirée et, à ce moment-là, je me suis dit : « Dans mon cœur, je serai toujours avec toi, Eustace, quoi qu'il arrive. » À partir de là, il ne m'a plus jamais fait sentir que je n'étais que son domestique ou son chauffeur. Il était très fier de moi et parlait de moi aux gens. Certains avaient l'air contents, d'autres jaloux. Ça m'était égal. Que les autres m'envient ou pas, j'ai décidé d'être bon. Avec Eustace, j'ai eu le père que je n'avais jamais eu, et le meilleur ami avec lequel je pouvais parler de tout ce dont j'avais envie. Quoi qu'il advienne, il était là pour moi. Comme un père.

J'étais le chauffeur d'Eustace, mais souvent je conduisais des connaissances à lui. Un jour, alors que je l'emmenais d'un endroit à l'autre, un de ses amis m'a demandé : « Tu es le chauffeur d'Eustace ? » J'ai répondu oui. Il m'a alors dit : « Bon, attends-moi ici, chauffeur ». Je n'ai pas réagi, mais quand il a recommencé un peu plus tard en disant : « Chauffeur, emmène-moi à… », je lui ai coupé la parole : « Monsieur, je m'appelle Amin et je ne suis pas votre chauffeur. Je suis désolé de vous dire ça, mais Eustace ne m'appelle jamais "chauffeur". »

Il n'a pas dû apprécier, car il a appelé Eustace pour lui dire qu'il avait trouvé son chauffeur grossier. Eustace lui a répondu : « Ce n'est pas mon chauffeur, c'est mon Vendredi. Mieux, ce garçon est comme mon fils. Et il s'appelle Amin. »

Plusieurs de ses amis ne m'aimaient pas pour cette raison, mais la majorité d'entre eux me témoignaient du respect et de la gentillesse.

C'est comme ça que j'ai mûri et décidé de me battre pour ce qui est bien. J'ai appris à faire la distinction entre ceux qui sont bons et ceux qui ne s'intéressent qu'à leur intérêt sans se soucier du reste. Professionnellement, savoir à qui on a affaire est très important, car certaines personnes prétendent être ce qu'elles ne sont pas du tout…

Je voulais toujours développer mon service de taxis pour les touristes. Grâce à l'aide d'Eustace et l'argent que j'avais mis de côté, j'ai acheté une nouvelle voiture d'occasion, celle du Dr Renaldo Pinto et de sa femme, le Dr Aparna Pinto, des gens très gentils qui m'ont aidé dans les périodes où je n'avais pas de boulot. Eux non plus, je ne les oublierai jamais. Et c'est ainsi que Sneha Travels a vraiment vu le jour.

La maison

Il était temps que j'achète une maison à ma mère : après la location, c'était un autre de mes rêves. Tout le monde a besoin d'un toit. Qu'on ait à manger ou pas, il faut avoir un endroit à soi, où on peut trouver la paix et vénérer son dieu – peu importe qu'on aille au temple, à la mosquée ou à l'église. Comme le dit une phrase que j'ai lue un jour : « Là où est le cœur est la maison. » Et j'ai l'impression d'avoir construit celle de ma mère avec mon cœur. C'était un rêve très important pour moi, donner un toit à ma mère.

En 2005, j'ai expliqué à Eustace que je ne pouvais plus continuer à payer le loyer de ma mère et voulais lui acheter une maison. Je n'avais pas beaucoup d'argent et pas assez de clients en tant que taxi. Mais j'avais quelques économies à la banque. J'avais repéré une maison dans le bidonville de Sahar Village, près de l'aéroport. Suresh m'avait rendu les 80 000 roupies que j'avais investies dans celle qu'on avait achetée ensemble en 1999. Mais il m'en fallait davantage.

Un jour où je ramenais Eustace de l'église avec son ami Merwyn D'Sa et que je parlais de mon problème, cet homme m'a proposé de me faire cadeau d'une somme d'argent. Vu que je le connaissais un peu, mais pas depuis longtemps, ça m'a vraiment surpris. Il m'a signé un chèque de 50 000 roupies. J'ai pu acheter une maison pour 300 000 roupies, une surprise pour ma mère et mes sœurs ! Ce serait la première fois que ma mère aurait une maison à elle. J'étais à la fois très fier et inquiet. Je ne savais pas si la maison lui plairait ou pas !

Le jour où ma mère s'est installée, des clients sont venus à la pendaison de crémaillère. Steve et Saira venaient de Londres et faisaient partie d'un groupe de musique pop qui s'appelait Trickbaby. Ils sont devenus mes amis. Par le biais de Sneha Travels, c'est ce qui m'est arrivé avec pas mal de gens : ils ont d'abord été mes clients et sont désormais mes amis, et certains d'entre eux sont comme des anges dans ma vie, comme l'a été Eustace. Lui aussi a commencé à rencontrer plusieurs de mes clients et à nouer des liens avec eux. Toutes ces personnes m'ont respecté, aidé et encouragé à avoir confiance en moi.

À l'époque où je suis arrivé chez Eustace, vous vous souvenez que je parlais mal anglais. Je le parle aujourd'hui suffisamment bien pour comprendre et expliquer les choses. Eustace m'a également initié peu à peu à l'informatique. J'ai appris à faire des mails, à utiliser Skype, à envoyer des messages et je peux désormais écrire plus ou moins bien en anglais. Souvent, alors qu'Eustace était malade, allongé sur son lit et moi assis devant l'ordinateur, je lui demandais de m'épeler un mot. Il ne m'a jamais dit qu'il était fatigué ; il était toujours prêt à m'aider à terminer un mail à des amis ou des clients.

Je n'ai jamais vu Eustace s'énerver. Il me fallait des heures pour rédiger un mail – et je devais en écrire plusieurs ! –, mais il se montrait toujours serviable et, maintenant que j'écris ce livre, il me manque plus que jamais. Je voudrais que, comme toujours, il soit là pour m'aider. Pourtant, d'une certaine façon, il est là en moi, surtout alors que j'évoque tous ces moments inoubliables passés avec lui.

Encore un souvenir : quand je ramenais Eustace d'une soirée, j'allumais la radio. Il proposait toujours à des amis de les raccompagner, parfois très loin. Il adorait ces moments où on rentrait à la maison en voiture en écoutant de la musique.

Depuis 2003, je suis reparti six fois en Europe, à Barcelone, en France, en Norvège, en Hollande et en Allemagne. Le premier voyage est le seul que j'ai fait avec Eustace. Chaque fois que je vais à Barcelone ou ailleurs en Europe, je pense à lui. Il m'appelait toujours pour s'assurer que tout se passait bien. Il m'a montré que, où qu'il soit et où que je sois, il serait toujours pour moi comme un père et un ami.

Après sa crise cardiaque, il a cessé de voyager. En revanche, il est allé à des fêtes tous les jours de sa vie ! Même lorsqu'il était malade, il s'habillait avec élégance et se rendait à telle ou telle soirée pour faire plaisir à ses amis. Il a vécu sa vie comme un roi, en a savouré chaque minute. C'est lui qui m'a appris à vivre joyeusement et entouré d'amis.

Il avait tant de choses à faire qu'il ne pouvait jamais s'arrêter. Même après une crise cardiaque.

Une visite du passé

Motilal – le garçon de Snehasadan qui s'était volatilisé avec la montre – a débarqué un jour chez Eustace. Enfant, je lui en voulais tellement que je m'étais juré que, si jamais je le croisais, je lui casserais la figure. Mais quand je l'ai vu là devant moi, je me suis senti désolé pour lui. Il n'avait plus nulle part où aller, il voulait s'excuser du vol de la montre. Et puis, j'avais changé, mes sentiments avaient évolué. J'avais envie de m'occuper des autres. J'en ai parlé à Eustace et à Mary, qui ont accepté de l'héberger pendant un temps.

Mais quand quelqu'un est mauvais, il le reste. Motilal, qui avait finalement trouvé un emploi près de chez nous, est parti au bout de quelques jours en piquant de l'argent à son patron. Celui-ci est venu à *Amore* accompagné d'un policier. J'étais en bas dans la cour de l'immeuble, Eustace en haut dans l'appartement. L'homme m'a demandé si j'étais bien Amin et si Motilal était mon ami. J'ai répondu qu'on avait en effet vécu ensemble à Snehasadan étant enfants. Je ne comprenais pas où il voulait en venir.

Dès qu'il a su que j'étais chauffeur, il s'est mis à me parler de façon très déplaisante. Mais, peu importait qu'ils soient riches ou pauvres, je n'avais plus peur des gens comme lui. Croyant que j'allais mal réagir, le policier m'a sommé de les suivre au commissariat. J'ai accepté : « Pas de problème. » Eustace nous a vus du balcon partir vers la voiture et m'a appelé pour savoir où j'allais. Je lui ai dit que je serais bientôt de retour, mais il a dû sentir que quelque chose clochait et m'a demandé de l'attendre, il allait descendre. Il nous a rejoints en quelques secondes et nous sommes partis tous ensemble au commissariat.

Eustace m'a soutenu comme un père. Quand le policier m'a accusé d'avoir volé l'argent, il a affirmé que jamais je ne ferais une telle chose, puis il s'en est pris à l'employeur de Motilal : « Est-ce Amin qui vous a amené ce garçon ? Comment osez-vous venir chez moi lui reprocher le vol ? »

J'étais effrayé, mais Eustace, en homme du monde, savait comment s'adresser à ce genre de personnes. Le policier m'a emmené dans une autre salle et m'a demandé si j'étais sûr de ne pas connaître ce garçon. Je lui ai dit la vérité, que lui et moi avions vécu à Snehasadan étant petits, mais que je ne le voyais plus. Je lui ai raconté qu'il s'était enfui avec une montre il y a des années et avait débarqué subitement en demandant qu'on l'héberge quelques jours. En dehors de ça, je ne savais rien. Le policier m'a laissé partir en me priant de le prévenir si j'avais des nouvelles de Motilal. J'ai promis. Entre-temps, à ma grande surprise, Eustace avait sympathisé avec le patron de Motilal, qu'il a invité à prendre le thé à la maison. Eustace m'a alors conseillé de m'excuser. Je lui ai demandé pourquoi et il m'a répondu : « On ne se rabaisse jamais en s'excusant ». Si bien que je me suis excusé.

Eustace m'a défendu ainsi chaque fois que j'ai eu besoin de lui.

Jalousies

À *Amore*, il s'est passé plusieurs histoires de ce genre. Certains habitants de l'immeuble avaient un réel problème avec moi. Ils ne supportaient pas de voir un chauffeur parler ou jouer avec leurs enfants. Que je leur fasse faire un tour à moto leur déplaisait, alors que ça ne dérangeait pas du tout Eustace, qui me laissait fréquenter qui je voulais tant que je me comportais correctement. Les enfants m'aimaient bien et voulaient souvent que je les emmène en balade, ou ils venaient à la maison me demander de jouer avec eux. Seulement, les adultes ne le supportaient pas : certains m'insultaient et m'interdisaient de jouer avec leurs enfants. Et comme je ne leur prêtais pas attention, ils allaient se plaindre auprès d'Eustace. Il leur répondait systématiquement que je n'étais pas son chauffeur, que j'étais son fils.

Ces gens de l'immeuble étaient jaloux et m'en voulaient sans aucune raison valable. Certaines personnes, je crois, ne supportent tellement pas le bonheur des autres qu'ils ont cette façon de les regarder de haut. Ces gens-là ne sont jamais heureux. Ils cherchent à mettre en avant leur position sociale ou leur statut en oubliant qu'ils sont de simples êtres humains. Quand on fait ce genre de différences, on échoue à tous les coups. Pauvres, riches, ce ne sont que des mots. Tous les êtres sont égaux, un point c'est tout.

Faire preuve de respect et laisser les gens vivre leur vie : c'est devenu ma devise.

En tout cas, je n'ai aucune envie de perdre mon temps avec des personnes qui ne se comportent pas comme ça. Les mauvais moments font partie de l'existence, mais je cherche avant tout les bons, que je garde dans ma mémoire. Et j'essaye d'oublier les mauvais.

Quoi qu'il en soit, j'ai fini par cesser de jouer avec les enfants de l'immeuble. Mais jamais avec Sahir et Bébé. Et je les emmène encore aujourd'hui faire des tours à moto. Vous vous demandez qui est Bébé ? C'est Surabhi, la fille de Vibha et de Dilip, et la petite sœur de Sahir. Elle est arrivée dans nos vies en 2004. C'est une petite beauté, le petit ange de notre famille. Dilip et Vibha ne m'ont jamais empêché de jouer avec leurs enfants et ne m'ont jamais interdit de les emmener faire un tour.

La vie est belle avec les belles personnes. C'est juste que le temps apporte son lot de bon et de mauvais. Tout dépend de la façon qu'on a de considérer la vie et de prendre chaque instant.

Nouvelle voiture, tristes événements

En 2007, j'ai décidé d'acheter une nouvelle voiture et j'en ai parlé à diverses personnes. Plusieurs de mes clients commençaient à trouver la mienne trop vieille et trop petite. J'ai pris conseil auprès d'Eustace, même si j'avais déjà mon idée. J'étais allé demander un prêt à la banque, qui de nouveau me l'a refusé.

J'ai donc dû me tourner vers Eustace. Il m'a répondu qu'il n'avait pas l'argent nécessaire, mais qui ne m'a pas dit non. Il m'a suggéré de renoncer à mon projet tant que je n'aurais pas une activité stable et régulière. Mais je lui ai fait valoir que je tenais à offrir ce qu'il y avait de mieux dans tout ce que je faisais. Et que si j'avais cette voiture, peut-être que j'aurais plus de clients.

Quelques mois plus tard, Eustace m'a annoncé qu'il allait retirer de l'argent d'un plan d'épargne pour m'acheter une voiture. J'ai été étonné et tout content. J'ai payé quelque chose moi aussi – pas beaucoup, mais j'ai contribué. Sneha Travels a ainsi eu une nouvelle voiture. Et très vite, Eustace a quasiment cessé de se servir de la sienne pour utiliser la mienne. Il était ravi de monter dans ma voiture et d'y emmener ses amis.

Le temps passant, j'ai eu davantage de travail, si bien que je remboursais à Eustace, de temps à autre, l'argent qu'il avait investi.

À ce moment-là, il est retombé malade : un cancer de la prostate. C'était difficile pour lui, mais il se battait. Il a dû aller tous les jours à l'hôpital suivre une chimiothérapie. Je le voyais s'affaiblir. Cependant, peu à peu, il a commencé à se remettre, à reprendre sa vie normale, ses sorties et son travail. Il n'a jamais arrêté de dessiner des cartes qu'il envoyait à des amis, des cartes débordantes de vie. Encore aujourd'hui, ceux qui en ont reçu une pensent à lui. J'ai conservé toutes celles qu'il m'a données pendant les douze ans où j'ai travaillé pour lui. Elles sont extrêmement précieuses pour moi.

À cette époque, ma sœur Sabira faisait des études d'infirmière dans l'État de l'Andhra Pradesh. La formation durait trois ans, et elle était en dernière année. J'avais voulu qu'elle reste à Bombay, mais, comme c'était trop cher, je l'ai envoyée dans l'Andhra Pradesh ; ce que j'aurais dû payer ici sur un an suffisait là-bas pour toute la durée des études, ça représentait une énorme différence. En décembre 2007, Sabira a obtenu son diplôme et a été embauchée au Holy Family Hospital. C'était un autre de mes rêves. J'étais très fier d'elle.

Comme toujours, Sabira m'a été d'une grande aide. Elle a également beaucoup soutenu Eustace lorsqu'il est retombé malade en 2009, atteint cette fois d'un cancer des os. Sabira venait lui faire des soins. Au début, Eustace s'est battu contre la douleur et les médicaments. Le Dr Russel l'a aidé à titre de médecin et d'ami. Proche de la famille, il le connaissait depuis bien plus longtemps que moi et s'est occupé de lui plus que quiconque. Sans lui, nous n'aurions rien pu faire. Il a toujours été là lorsqu'il le fallait.

Cette période a été d'une infinie tristesse. Je savais que ma vie avec Eustace arrivait à son terme. Il avait été le père que je n'avais jamais eu.

Ses amis ont vu qu'il souffrait et vivait un moment difficile. Et nombreux sont ceux qui m'ont aidé à veiller sur lui : Deepak, Murugan, Sabira, Anita, qui était une amie de Sabira. Ça a été un sale moment, vraiment très dur. À mesure qu'Eustace déclinait, c'était comme si ma vie s'assombrissait. Il souffrait énormément, et le voir dans cet état m'était insupportable. Après toute cette force qu'il m'avait donnée comme à un ami et à un fils, je le sentais s'éloigner, mais j'étais là auprès de lui. Tout comme sa famille et ses amis. Je n'ai pas envie de m'étendre trop longuement là-dessus. Ces moments ont été très difficiles, les plus tristes de ma vie.

Je ne dois cependant pas oublier Mary, qui au même moment luttait contre le diabète. Elle avait consacré toute sa vie à Eustace, était sa plus vieille cuisinière et la meilleure qu'il ait jamais eue. Mais l'heure était venue pour elle de s'en aller. La merveilleuse Mary D'Souza est décédée le 26 janvier 2010.

Pour Eustace, Mary était comme une sœur. Ils étaient pour ainsi dire la famille l'un de l'autre. Lorsqu'il a appris son décès, il n'a pas prononcé un seul mot. Il a fait son deuil en silence.

New Amore

Après la mort de Mary, l'état d'Eustace a empiré. Je savais que le jour où il disparaîtrait, je n'aurais plus d'endroit où vivre. Je devrais quitter *Amore* et m'installer de mon côté. Je me suis mis à la recherche d'une maison, ce qui, à Bombay, revient à vouloir en acheter une sur la lune. J'ai cherché pendant longtemps. Cette fois encore, je me suis adressé à des amis en Espagne et à Bombay qui pourraient me prêter un peu d'argent. J'avais quelques économies, mais pas beaucoup. Rares sont les gens qui ont accepté de m'aider. Mais ceux qui l'ont fait étaient de vrais amis, qui m'ont soutenu quand j'en avais le plus grand besoin. Je me suis mis à la recherche d'une maison avant la mort d'Eustace parce que j'avais envie qu'il soit fier de moi. Il me répétait sans cesse de ne pas m'inquiéter, que tout irait bien même quand il ne serait plus là. Mais j'étais entêté et voulais que ça se fasse avant qu'il disparaisse.

j'ai fini par trouver ce que je cherchais. Mais je n'avais toujours pas assez d'argent. Après maintes difficultés, le 7 décembre 2009, j'ai enfin eu mon appartement. Le soir même, à minuit, j'ai emmené ma famille et Deepak le visiter. Et bien que son nom officiel soit *New Prem Vasundhara*, j'ai baptisé mon logis *New Amore*.

Cette nuit-là, je me souviens l'avoir passée au chevet d'Eustace. Je lui ai mis la clé de ma nouvelle maison dans la main et je lui ai dit : « Monsieur, votre fils a une maison. Elle s'appelle *New Amore.* » Il m'a dit qu'il était très fier de moi et qu'il souhaitait aller la voir. Mais il ne pouvait plus se lever ni aller nulle part. Il me souriait du fond de son lit, me parlait en tenant ma clé et répétait qu'il voulait aller voir ma maison et s'occuper de la conception intérieure.

J'ai ressenti une immense tristesse. Comment pouvais-je lui dire qu'il ne pourrait plus se lever ? J'étais néanmoins content qu'il ait eu envie de venir. Qu'il en ait eu encore la force mentale sinon physique.

Puis j'ai commencé à faire des travaux. En tout, il m'a fallu plus de deux mois. L'appartement a finalement été prêt le 27 février 2010.

Si j'ai cette maison, c'est grâce à Eustace et à tout ce qu'il m'a offert. Il a changé ma vie. Et aussi grâce au soutien de mes amis. Vibha, Dilip, Sahir, Surabhi, Neela D'Souza, Claire Mirman, Marta Miquel, Caroline Carillo, Gerard et Magdalena Vilardell, Pereen d'Avoine, Ramon et Montse, Jordi Iglesias, Marta et Olga, le Dr Jesus Gomez, le Dr Lili Gomez, Roser Cot, Claude Nevers, Sabira, Sabiya, Anna Barba et Desmond, mon parrain londonien. Sans vous, *New Amore* n'aurait pas été possible.

J'ai pendu la crémaillère le 27 février. Eustace a été ce jour-là très peiné : il aurait voulu être avec moi à *New Amore.* J'ai toujours voulu terminer cette maison pendant qu'il était encore en vie – et je l'ai fait, mais il n'en a vu que des photos et une vidéo. Il n'a pas pu se déplacer et en était désolé. Mais, le lendemain, tout le monde lui a raconté que ma nouvelle maison ressemblait à la sienne : « On te voit dans sa maison, dans sa conception et ses choix. » J'étais très heureux d'entendre ses amis dire cela, car c'est grâce à Eustace que je suis ce que je suis. J'ai appris de lui. Cette maison dont je rêvais, il m'a permis d'en faire une réalité.

Mes anges

Quelques jours plus tard est arrivé le moment le plus douloureux. Eustace Fernandez, la lumière de ma vie, est mort le 10 mars 2010. Et bien qu'il m'ait quitté ce jour-là, il a grandi en moi bien plus que je ne suis capable de l'expliquer. En l'espace de deux mois, j'ai perdu Eustace et Mary, mais je me souviendrai toujours que c'est grâce à eux si je suis qui je suis.

Pendant des années, Mary m'a nourri et épaulé comme une mère bien que je ne sois pas son fils. Mary Auntie, je suis qui je suis grâce à toi.

Eustace m'a guidé dans la vie. Mon plus long voyage a été celui qu'Eustace Fernandez a entrepris avec moi. Après son décès, je ne savais pas du tout quoi faire. J'étais cependant heureux qu'il ne souffre plus. Libéré de ses douleurs, il s'était envolé pour devenir un ange qui veille sur moi et qui est toujours à mes côtés. C'est ce que je ressens au fond de moi.

Cette chanson était sa préférée, celle qu'on écoutait tout le temps dans la voiture :

Sometimes I'm happy
Sometimes I'm blue
My disposition… depends on you
I never mind the rain from the skies
If I can find the sun of your eyes
Sometimes I love you
Sometimes I hate you
But when I hate you
It's cause I love you
That's how I am
So what can I do ?
I'm happy when I'm with you.

À présent, je suis sans toi. Mais je sais que tout au long de ma vie je te garderai en moi.

Ce n'est pas la fin, ce n'est que le commencement.

Nouveaux commencements

Voilà quelle a été ma vie. J'ai parcouru un bon bout de chemin, mais il m'en reste encore un long à faire. Pour accomplir bien davantage que ce que j'ai réussi jusqu'à ce jour. Pour rendre à la vie ce qu'elle m'a donné, pour le partager avec les autres et soutenir tous les Amin du monde. Merci à tous. Sans vous, je ne serais pas là. Si j'existe, c'est grâce à vous.

Telle est mon histoire. J'ai commencé dans la douleur et je termine dans la douleur de la mort d'Eustace. Mais sur ce qui s'est passé entre-temps, j'ai encore bien plus à dire. J'ai appris et j'ai grandi. De rien, je suis devenu quelque chose. Je sais que tous les Amin qui sont dans la rue n'ont pas autant de chance. Certains sont nés et ont suivi leur chemin sans connaître les joies de ce monde.

Toutefois, au cours de ce voyage, la chance n'est pas la seule chose qui compte. La chance, il faut parfois la fabriquer. Si vous pensez qu'elle va vous tomber dessus, je regrette, mais je crois que ça n'arrive jamais. Il faut se placer sur son chemin, il faut travailler pour la trouver. J'ai beaucoup perdu dans ma vie et tout retrouvé par la suite. Retrouvé plus que je n'avais perdu.

Ce n'est cependant pas fini. J'ai encore une longue route devant moi. J'espère le meilleur. J'aimerais fonder une famille, prendre soin de ma femme et de mes enfants. Je voudrais leur donner l'amour et l'espoir que j'ai reçu des personnes qui m'ont aidé dans la vie.

J'ai écrit ce livre dans le but de réaliser un autre de mes rêves : *Bombay to Barcelona*, mon café-bibliothèque. Pour l'instant, ce n'est encore qu'un rêve, mais de chaque goutte je peux faire un lac, de chaque goutte une rivière, de chaque goutte un océan. Quand on réfléchit, tout est possible, et encore plus quand on agit. C'est comme ça que les rêves deviennent réalité.

Au cours de mon histoire, j'ai rencontré d'innombrables gens. Certains sont partis très loin, d'autres sont devenus si proches qu'ils sont comme ma famille et m'ont donné l'amour et l'attention nécessaires pour grandir. Le temps, qui n'attend jamais personne, m'a montré toutes ses couleurs. Il m'a apporté de la souffrance mais aussi de la joie. Il m'a donné les amis qui aujourd'hui me soutiennent, m'a offert une vie remplie de belles personnes. Que demander de plus ? À mon avis, il en va ainsi : si vous croyez au bien, vous voyez Dieu. Mon Dieu à moi, c'est le bien qu'on voit chez les autres.

La vie est belle.
Souriez sans raison.
Ce dont on a besoin, c'est de manger et d'être logé.
Rassemblez-vous et faites ce que vous avez à faire.
Faites de cet endroit un endroit meilleur.
Défendez vos droits.

Ouvrez-vous à la vérité.
Ne vous battez pas, ne soyez pas violent.

Ne mentez pas.
Ne soyez pas « moi, je et moi-même ».
Soyez humain, agissez en humain, respectez les humains.
Et, plus encore, ce que nous devons faire dans ce monde,
c'est nous rassembler pour faire en sorte que cette terre soit verte, verte, verte.
Ne vous contentez pas de discours.
Agissez vert.
Vivez vert.
Si j'existe, c'est grâce à vous.

Le Bombay d'Amin

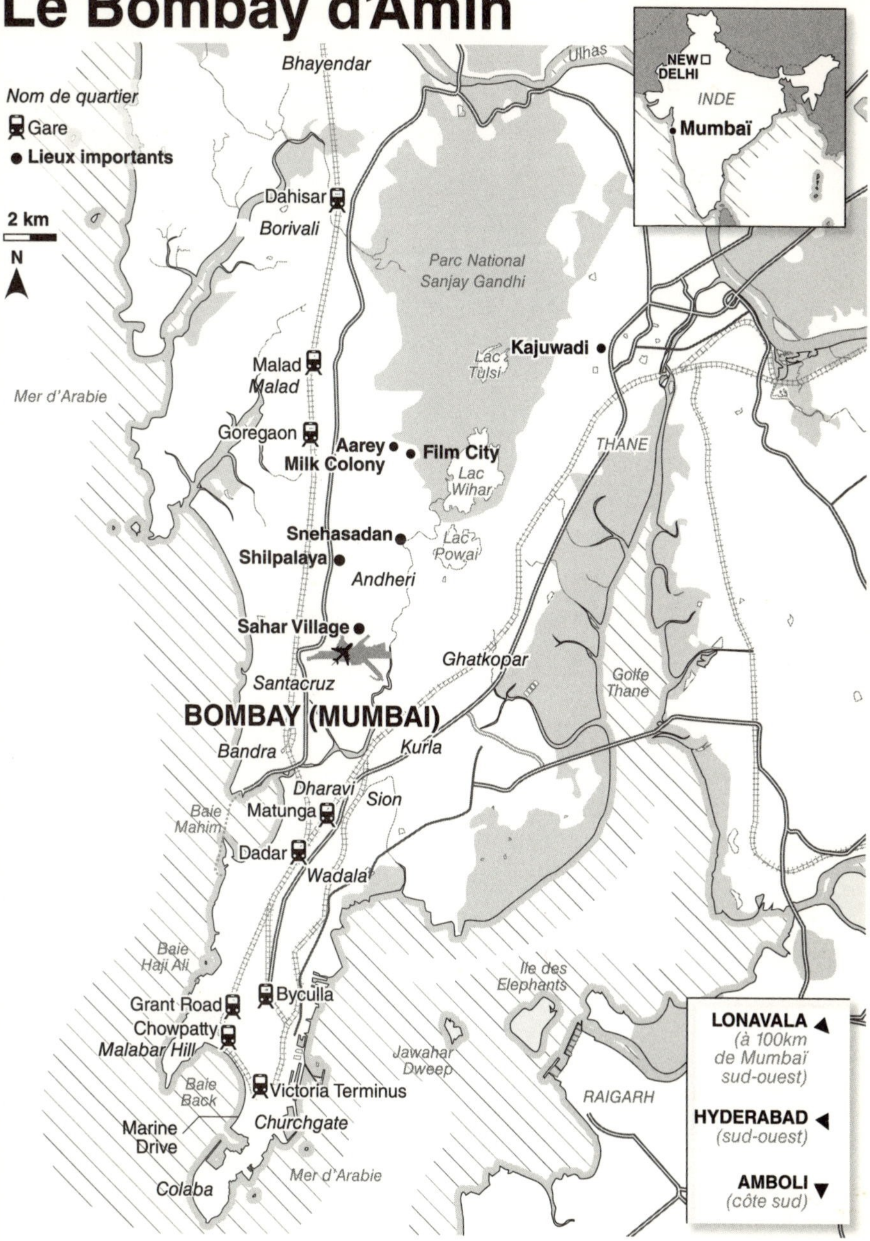

Glossaire

Les noms de membres de la famille (frère, sœur, oncle, tante…) sont aussi donnés, par respect et par amitié, à des adultes et à des relations.

Abba : père.

Baba : surnom affectueux.

Batata wada : beignets de pomme de terre.

Bhagoda : fuyard, trouillard, voyou.

Bhai : grand frère, expression respectueuse.

Chikki : nougat à base de fruits secs et de sucre de palme.

Daal : plat à base de lentilles ou d'autres légumineuses.

Dada : grand frère : expression affectueuse.

Darpoke : trouillard.

Dhaad : raid.

Didi : grande sœur.

Goli : pastilles au caramel.

Haldi : curcuma.

Idli sambar : gâteau de riz à la vapeur.

Kaata-chhapa : jeu de pari à pile ou face.

Kabaddi : sorte de jeu de chat qui se joue en équipe et sollicite l'agilité et le souffle des joueurs.

Keema paav : viande hachée épicée servie dans du pain.

Langdi : jeu de ballon qui se joue en équipe, et qu'on pourrait rapprocher de la balle au prisonnier.

Mama : oncle.

Nimbu pani : jus de citron vert.

Paav : pain.

Rickshaw : véhicule à trois roues, motorisé ou pas, qui sert de taxi. On désigne souvent leurs chauffeurs par le même nom.

Throwball : sport qui se joue en équipe avec un ballon sur un terrain rectangulaire traversé par un filet.

Vada paav : burger végétarien épicé à la pomme de terre.

yaar : mon cher.

Remerciements

Je remercie tout spécialement Sahir D'Souza, Vibha Kamat et Dilip D'Souza.

Merci à Hélène Gédouin, Agnès Vidalie et toute l'équipe de Marabout.

Merci à Marta Miquel, Aina Pongiluppi Gomila, Pascale Haas, Andy Beverly et Claude Nevers.

Merci à Delphine Mozin, Françoise-Marie Santucci et Rasibus.

Merci à Stéphane Boss, Arnaud Kerane et Jeremy Plank.

Et à tous ceux qui soutiennent mon projet.

Les Yeux de Séraphine

Chanson inspirée de l'histoire vraie d'Amin Sheikh
Paroles : Arnaud Kerane/Musique : Jérémy Plank
Disponible en téléchargement légal

Juste une pincée de ciel / 125 grammes de chocolat
Un brin d'folie du miel / De l'amour tout ce que tu as
Une dose de pluie d'été / D'un beau soleil bien mûr deux zestes
Une louche de liberté / De l'amour tout ce qu'il te reste
Bien étrange recette / Que celle des bonbons de Bombay
Serait-ce celle d'un poète / Où rien alors ne serait vrai ?
Mais à en croire Amin / Ce serait comme des billes magiques
Qui tueraient la famine / La peur… La vie sale en un clic
Des bonbons loin du pire / Comm' des p'tits bouts de Paradis
Qui redonnent le sourire / Et l'envie et goût à la vie
Des gouttes d'élixir / Comm' des p'tits bouts de Paradis
Qui redonnent le sourire / Et l'envie le goût à la vie
Les bonbons pour Amin / N'ont pas été là tous les jours
Pas d'amour qui domine / Tôle ondulée et arrière-cour
C'était une mère sans caresse / Un père buveur qui frappe fort
À qui lancer des S.O.S / Lorsque l'humain manque au décor ?
Porter bagages… Cirer chaussures / Tout était bon pour dix roupies
Pour être libre pour être sûr / De n'plus jamais pousser de cris
Des bonbons loin du pire / Comm' des p'tits bouts de Paradis…

Alors d'une poubelle à l'autre / Sa vie fragile s'est invitée
Dans ce monde qui est nôtre / Amin n'a pas abandonné
Le sel de mer faisait med'cine / Les étoiles de jolies cabanes
Et puis un jour Soeur Séraphine / Le foyer de Snehasadan
Il comprend que l'amour est là / Qu'il a le droit d'être un enfant
Juste un enfant comme il se doit / Quand on a pas encore 10 ans
Les bonbons de Bombay / Comme pour ses frères de mauvaises mines
Pour Amin je le sais / Étaient les yeux de Séraphine
À toi qui peut-être m'écoute / Y a encore des milliers d'enfants
Même si cette chanson n'est qu'une goutte / Ensemble on peut faire l'océan

> Ensemble loin du pire / Comm' des p'tits bouts de Paradis
> Redonner le sourire / Et l'envie et goût à la vie
> Ensemble loin du pire / Comm' des p'tits bouts de Paradis
> Redonner le sourire / Et l'envie le goût à la vie.

Retrouvez toutes les informations
sur le projet d'Amin sur le site
iambecauseofyou.com

SNEHASADAN signifie « la maison où l'on est aimé ». Née en 1962, c'est la première ONG dévouée aux enfants des rues de Bombay. Le succès de SNEHASADAN repose sur son dispositif original de maisons familiales. Elles réunissent sous un même toit 20 à 30 enfants issus des rues, sans distinction de caste ou de religion, autour de parents responsables ayant eux-mêmes leurs propres enfants. Ils y reçoivent affection, éducation, nourriture, etc. La vie de famille, la fréquentation de l'école du quartier permet aux jeunes de reprendre confiance en eux et de trouver une place dans la société.

Soutenue par l'Association française pour l'enfance abandonnée (AFEA) depuis 1964, SNEHASADAN compte aujourd'hui 16 foyers, des centres d'accueil aux abords des gares et des structures spécialisées (hébergement de femmes abandonnées avec leurs enfants, prise en charge de jeunes filles sorties de la prostitution, école de formation technique).

En 50 ans d'existence, l'AFEA/SNEHASADAN a accompagné plus de 40 000 enfants, afin de leur permettre de grandir sereinement dans leur pays.

Table des matières

Achevé d'imprimer en septembre 2014
en Italie sur les presses de La Tipografica Varese Srl
pour le compte des Éditions Hachette Livre (Marabout)
43 quai de Grenelle – 75 905 Paris Cedex 15.

6488916
ISBN : 978-2-501-09617-1
Dépôt légal : octobre 2014